世界の秘境を訪ねて

中嶋　寛

はじめに

最近は旅行者の多彩な要望に応えたツアーが数多く催行されるようになり、２０１６年には、海外旅行の取扱い許可を得ている会社は７０８社にも及んでいる。

私が初めて海外に出掛けたのは１９７０年であったが、当時に比べて海外旅行を取り巻く環境の変化には隔世の感がある。

好奇心は衰えることなく、モンゴロイドの築いた文化、マヤ、インカなどの遺跡に興味を持ち、各地に旅行を続けたが、若い頃昆虫少年として過ごし、高校生物部の部活動に熱中していた時期があった影響からか最近は秘境に残る稀少な動植物に興味を募らせている。

旅は、知的好奇心と感受性の豊かなうちに行くのが望ましいと思っている。

本書は、未踏の秘境などの冒険記録ではなく、ツアーでも行ける秘境（辺境）の旅行記である。参考に各編の終りに参加したツアー名を記した。

本書が秘境に興味を持ち、旅の計画を温めておられる方々の参考になれば幸せである。

本書の発刊を薦めて頂いた前三重大学附属病院長　竹田　寛先生、発刊に御指導御尽力頂いた三重大学出版会社長　濱　森太郎　名誉教授、約5年にわたり投稿を掲載した「三重医報」の校正に御助力頂いた上田圭祐氏、編集に携わった三重県医師会事務局の皆様に感謝を申しあげたい。

目次

パタゴニアの旅

パタゴニアの旅

南緯40度以南の南米の大地をパタゴニアと呼ぶ。
そこはチリ、アルゼンチン両国が領有している地方である。

その地形は、西海岸近くに沿ってコロンビアに発した全長8000㎞に及ぶアンデス山脈が国境にそびえ立ち、「し」の字型をなして南端はフエゴ島まで及んでいる（図1）。

パタゴニアの観光シーズンは11月から3月までしかない。40年ぶりに長期休暇を持てるようになった私は、2011年2月9日夏のパタゴニア縦断を目指して〝秘境

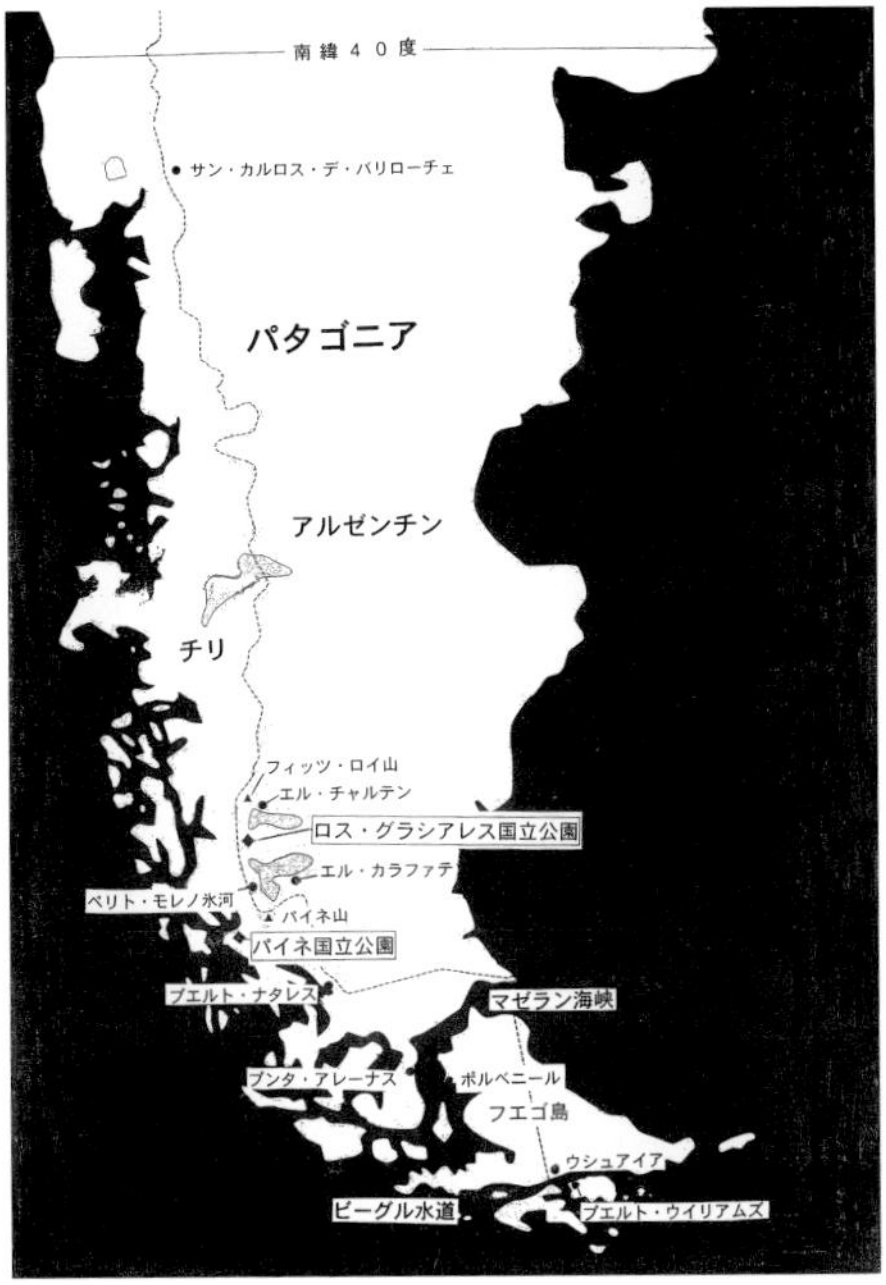

（図1）

を楽しむ〟16日間の旅に出た。

成田空港を発ってロスアンゼルス、リマ、ブエノス・アイレスで乗り継ぎ、サン・カルロス・デ・バリローチェに到着したのは31時間後、正味飛行時間22時間を要した。

バリローチェは既に南アフリカのケープタウンより南で南緯40度を超えている。美しい山並みと湖を持った街で、気候は日本の春のようだ。以前スイス人が多く移住したせいかスイス風の街並みで、キャンプ、釣り、スキー等アウトドアスポーツの基地となっている。我々が目指す荒涼とした大地、急峻な山、強風と寒冷な気候の南パタゴニアのイメージとは程遠い。

近郊の景勝地と市内観光でパタゴニア博物館を見る。パタゴニアの語源は、１５２０年にマゼラン（スペイン語ではマガジャネス）がこの地方を探険した際、グアナコ（後出）の毛皮の靴を履いた原住民を見て、Pata＝足、Gon＝大きい、と言ったのが始まりと言われている。

街にはチョコレート屋が多く、アルゼンチンでは1ドル＝4ペソだが、ドルがそのまま使用出来るので便利が良い。まあ長旅の疲れを取るための一日であった。

翌日、バリローチェを発ち更に南に2時間飛んでいよいよ南パタゴニアのエル・カラファテに入る。空港から最初の目的地エル・チャルテンを目指して専用の小型バスで２２０km

を4時間かけて走る、車窓には荒涼としたパンパが続いている。雨量は年間500㎜と極端な乾燥地ではないが、寒冷な気候と強風のため表土が吹き飛ばされて砂礫地となっている。灌木や草ばかりで背の高い木は見当たらず、暗緑色のマタネグラや黄色のフェストゥカなど数種類の草が10㎝から1～2mの株となって点々と一面に広がっている。いずれも氷河が種子を運んで広がったパタゴニア固有種であるという。所々には灌木のカラファテの木も見られ、途中立ち寄ったドライブインで川辺にカラファテの木が実を付けているのを見つけた（写真1）。トゲに気をつけながら穫って口にすると、大きさも形もブルーベリーそっくりで、味も甘酸っぱくて美味しかった。カラファテの実を食べると再びパタゴニアに戻って来る事が出来るとの言い伝えがあるようだが、困った事に舌が紫色に染まってしまった。店の前のポールには、世界各地からの距離が書いてあり、東京21041㎞の標示を見付けた。ついに地球の裏側まで来たのだと実感した（写真2）。

（写真1）

やっと夕方、目指すエル・チャルテンの町に着く。この町はフィッツ・ロイ山の岩峰群が見渡せる山麓の町だ（写

（写真2）

（写真3）

真3）。フィッツ・ロイ山はチャールズ・ダーウィンが乗船した事で名が知られているイギリス軍艦ビグール号の艦長の名にちなんで名付けられている。

　夕刻は暗くなるのが午後9時30分頃と遅いので、早速夕暮れのフィッツ・ロイ山を撮ろうと宿を出るが、空は雲が速く流れてすぐ山が見え隠れする。

　翌朝宿を8時に出発し、フィッツ・ロイ山展望のためトレッキングを開始する。今回のツアー参加者は総勢12名（男性3名、女性9名）で、平均年令は60歳を超える。いずれも海外渡航歴の豊富な山男・山女ばかりである。歩き出して1.5㎞、1時間30分程の展望地点で1人が断念したものの、後の10名は氷河湖（トーレ湖）のベースキャンプまで行くと言う。私は若い頃槍ヶ岳、西穂高岳、燕岳登頂の経験しかないし、最近は山歩きしていないので少々不安であったが行く事にした。天候は曇りで野ウサギや大型のキツツキに出会いながら南極ブナの林を縫って登り降りを繰り返し、最後にモーレン（氷河の押し出した堆積物）を越えて湖岸に出る。対岸には氷河、湖面には氷山が浮かんでいた。

昼休みは1時間との事で上空から餌を狙う猛禽類に注意しながらパンにチーズを挟んだ軽い食事を摂っていると急に風が強くなり、小雨が混じってきた。急いで昼食を30分で切り上げ、下山する事になった。往復で16㎞の山歩きは私にとって少々過酷なものであったが、落伍する事なく白いリャマを飼っている家を見ながらホテルに帰着した。

翌日は天候が小雨となりついにフィッツ・ロイ山を見晴らす事が出来ずカラファテに戻る。夕刻、丘の上に建ったカラファテの宿の周囲の草地を歩いてみると、草にはトゲを持つものが多く、ズボンに麻の実大の金平糖状の種子が沢山付いてきた。最も心配していた16㎞のトレッキングが終わったとの安心感もあり、夕食後添乗員を誘って2人でカラファテの街へアサード・デ・コルデロ（羊肉の炭火焼き）を食べに出掛ける。羊肉はあまり旨いと思えなかったが、アルゼンチン産の赤ワインは美味しかった。

次の目的地はロス・グラシアレス（氷河）国立公園である。ここは規模の大きな公園で、最大のウプサラ氷河は琵琶湖と同じ大きさがある。公園全体の大きさは東京都と神奈川県を合わせた面積に匹敵すると言われ、世界自然遺産に登録されている。

中でも我々が目指すのはアルゼンチンの自然科学者フランシスコ・モレノの名を取って名付けられたペリト・モレノ氷河である。この氷河は全長35km、高さは60mあり、夏の気温が比較的高い事と豊富な降雪で再氷結を繰り返しているため氷の中の気泡が少なく特に青く見える。普通の氷河は1年に数mしか進まないのに比べてここでは600～800m進むという。夕方、氷河の展望台に立つと時々起こる氷河の崩落と氷の割れる鋭い音の響きに規模の大きさと自然の力の凄さに心を打たれた（写真4）。

（写真4）

翌日の午前中は氷河のすぐ横の湖をクルーズした後、生まれて初めてアイゼンを付けてもらってペリト・モレノ氷河の上をトレッキングする。氷河のクレバスに気をつけながら足を滑らせないように歩く。かなり足が疲れた頃やっと出発点に戻れたと思ったらガイドが「もう一度登れ」と言う。やれやれ又登りかと思いながら登りつめると、ガイドがピッケルで氷を砕いてウィスキーのオンザロックを作ってくれた。実に旨い、これこそ究極のオンザロックだ。

次の日はカラファテを出て大草原パンパの中をチリ国境まで３００㎞走る。アルゼンチンもチリも幹線国道は2車線で舗装され、道路の両側は30ｍ程空地が設けられていてその外は鉄線を張った柵が延々と続いている。

パンパは牧場として牛、馬、羊が放牧されていて、野生動物としてはニャンドウ（ダーウィンレア）と呼ばれる小型の駝鳥（写真5）やグアナコ、ハイイロギツネ、鳥類特に小動物を狙う猛禽類が多く見掛けられた。

（写真5）

途中アルゼンチン出国に60分、チリ入国に30分の手続き時間を費やしてやっとパイネ国立公園に到着する。今夜宿泊するペオエホテルは今回のツアーのハイライトである。ペオエ湖畔に建っていてさすがに最高のロケーションだ。２階のロビーからはパイネ山が一望出来る素晴らしい眺望であった。

翌朝6時に起きてホテルの裏山に朝日に輝くパイネ山を撮りに行く（写真６）。パイネ国立公園はさすがに美しい。チリフラミンゴのいる塩湖、サルト・グランデ（大滝）等の景

（写真6）

（写真7）

勝地をハイキングする。この辺りの氷河湖の岸辺はカウケンなどの水鳥が多く見られ、湖水は青みを帯びた乳白色の神秘的な色を湛えている。その原因は氷河の削った岩の粉末が混じって生ずるものといわれる。風が強くサルト・グランデの展望台では吹き飛ばされそうになる。サルト・グランデの近くでグアナコの群を見つけた（写真7）。グアナコは小型の馬くらいの大きさでリャマ、アルパカ、ビクーニャと共に南米に生息する4種類の駱駝の仲間、リャマ、アルパカは家畜として飼われているが、ビクーニャとグアナコは気性が強く絶対に家畜化されないという。誇り高き動物である。

次の日は、ホテルの近くからゴムボートで出発し小型船に乗りついでセラーノ川を下る。途中下船してセラーノ氷河の畔を散策した後、昼食はフェラレスファームという牧場でアサード（焼肉）を食べる。牧場の草地はよく整えられているが草花や牛糞・馬糞などを見ても昆虫類は少なく、特に南パタゴニアでは蟻を見かけなかった。それだけ自然環境が厳しいのではないかと推測された。

プエルト・ナタレスで下船後、再びプンタ・アレーナス目指してパンパの中をひたすら走る。午後8時頃、パンパの真っ只中、西に沈む太陽と東から昇る満月が同時に見られ、我々の小型バスの影は横に50ｍも伸びて雄大な風景を味わう事が出来た。

翌日はマゼラン海峡を渡る、私はプンタ・アレーナス港から直接フエゴ島対岸のポルベニール港に渡るのかと思っていたがバスは１００km北上して海峡の最も狭い所をフェリーに乗って渡った。所要時間は僅か20分であった。そこからサン・セバスチャンの町でアルゼンチンに再入国して、又パンパ中をフエゴ島までの荒地３０３kmを縦断する。フエゴ島の名前の由来は原住民マプーチェ族が鯨を採った合図に火を燃やしていたのを見たマゼランがこの地をティエラ・デル・フエゴ（火の大地）と名付けたことによるという。車窓に広がる風景は朽ちる事なく風雨にさらされて残った白骨のように見える風倒木の続く原野とそれを牧場にするため開墾している場所が見られ、道標には「グアナコに注意」の標示があった。やっとの思いで世界最南端の街ウシュアイアに着く。この街は人口4万人程の美しい街で南極クルーズに出る大型客船やビルゲイツ氏所有の船が停泊していた（写真8）。

（写真8）

（写真9）

南部パタゴニアは日射しが強く、真夏の平均気温は3～10度とそれほど低くはないが周囲の氷河や雪を残している山々から吹いてくる風が強くて寒い。早速ティエラ・デル・フエゴ国立公園を散策する。樹木は南極ブナの仲間であるLenga（レンガ）、Nire（ニレ）、Coihue（コイウェイ）等が繁っているが、いずれも葉は小さく肉厚で種類は多くない。途中で北米から連れてこられたビーバーの巣やブナに寄生するキッタリアを見かけた（写真

9）。このキノコは昔、原住民が食料として利用していたといい、大きさはウズラの卵大で成長すると中身は海綿状をしている。

公園の一角でパン・アメリカン・ハイウェイ終着点の表示板を見かけた。はるかアラスカから17848km、道路は地球最南端の街まで続いていた（写真10）。

次いでEl Tren der Fin del Mundo（世界の果て号）という観光列車に乗る。軌道幅は60cmと狭く、昔は囚人の輸送とその労働によって得られた木材の運搬に使われていたが、切り出した木材の半分はストーブの燃料になってしまったという。ウシュアイアは元々囚人の流刑地として有名であった。現在のウシュアイアは観光の街としてMuseo der Fin der Mundo（世界の果て博物館）があるのを始めFin der Mundo（世界の果て）の文字が街中に溢れている。

（写真10）

夜、気の合った山男と添乗員を誘って3人でセントージャという蟹を食べに街へ出る、セントージャはタラバ蟹そっくりで共にヤドカリの仲間だが甲羅には短いながらも鋭いトゲがあり、ハサミは右が大きい。

店員が生簀に入った大きな蟹をつかみ上げ目方を計って135ドルという、ワインはどこでもボトル1本20～30ドルだから日本に比べると安い。蒸してもらって食べると蟹肉に甘みがあり結構旨い。味はタラバ蟹に勝るとも劣らない程であった。

パタゴニア最後の日は朝からビーグル号（前出）の名を取ったビーグル水道のクルーズに出る、水道は幅が最大で14㎞、最も狭い所は1㎞しかない。ウシュアイアから東へマゼランペンギンの営巣地（写真11）やハーバートン牧場までを4時間で往復する。

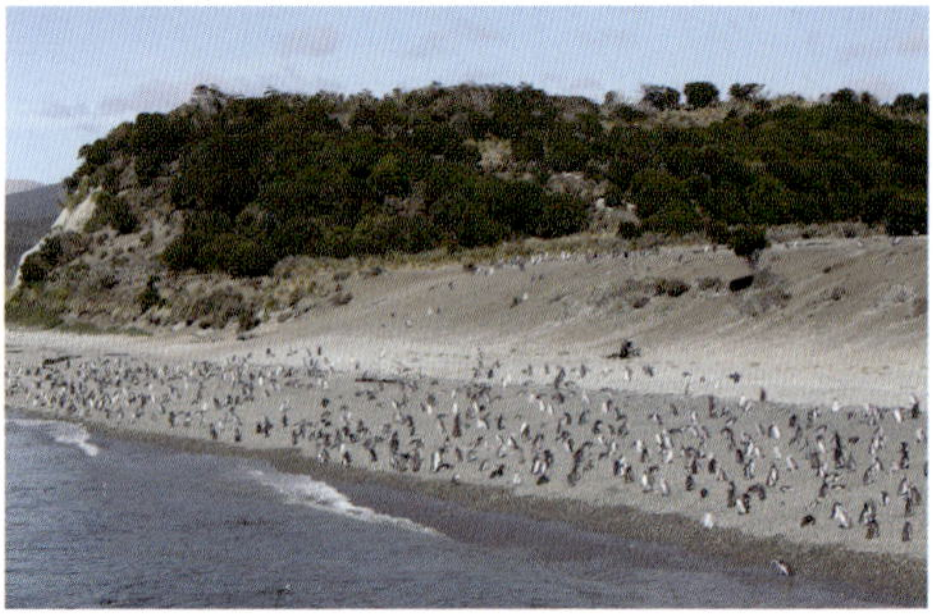

（写真11）

海岸にはマゼランペンギンやアシカの仲間のオタリア、ウミウ等の海鳥が生息し、対岸のチリ側には人口400名といわれるプエルト・ウイリアムスの集落が見えた。私は船のキャビンでウィスキーのオンザロックを楽しみながら今回の遠くて長い旅を振り返っていた。

南米大陸の南端に位置するパタゴニアは寒冷な気候と強風のため農作に適さず、人口も少ない。全く手付かずの自然の姿が保たれた世界であった。

こうして私が永年温めてきた壮大で純粋無垢な自然を満喫した「パタゴニア縦断」の旅が終わった。充実感と達成感を胸にしまって午後8時、ウシュアイアの空港を発ちブエノス・アイレスで一泊して帰途に着いた。

（2011・3・20記）

ツアー名「パタゴニア縦断　16日間」

2011・2・9出発　　西遊旅行

アウヤンテプイ（ベネズエラ）を訪ねて

アウヤンテプイ（ベネズエラ）を訪ねて

アウヤンテプイの頂上台地にテントで3泊滞在出来るツアーが9月に出発するという情報を得た。最近ロマイマ山（テーブルマウンテンの一つ）頂上にヘリで着陸し、帰路は約１０００ｍある断崖を下山する健脚向きツアーが出来たが、テーブルマウンテンの探訪は体力的に無理と諦めていた。今度のツアーはアウヤンテプイ頂上にヘリで運んでくれて3日後に迎えに来てくれるという。私にとっては絶好の条件である。こんなチャンスはテロ、政情不安、自然環境保護などの現地事情で簡単に消滅することが度々である。逃してはならない。未知の動植物への興味と好奇心に抵抗する事が出来ず「行かねばならぬ」と参加する決心をした。どうやら持病の「秘境探訪症」が再発したようである。

さて、少しアウヤンテプイについて述べさせてもらうと、コロンビア、ベネズエラ、ガイアナ、スリナム、仏領ギアナ、ブラジル北部の6ヶ国に跨るギアナ高地には１００余りのテーブルマウンテンがあり、その地層は17億年前の姿を留めている。アルフレッド・ヴェゲナーの大陸移動説によればパンゲア大陸が北部のローラシア大陸と南部のゴンドワナ大陸に分離し、更にゴンドワナ大陸が分裂・移動して現在の世界地形になったと言われてい

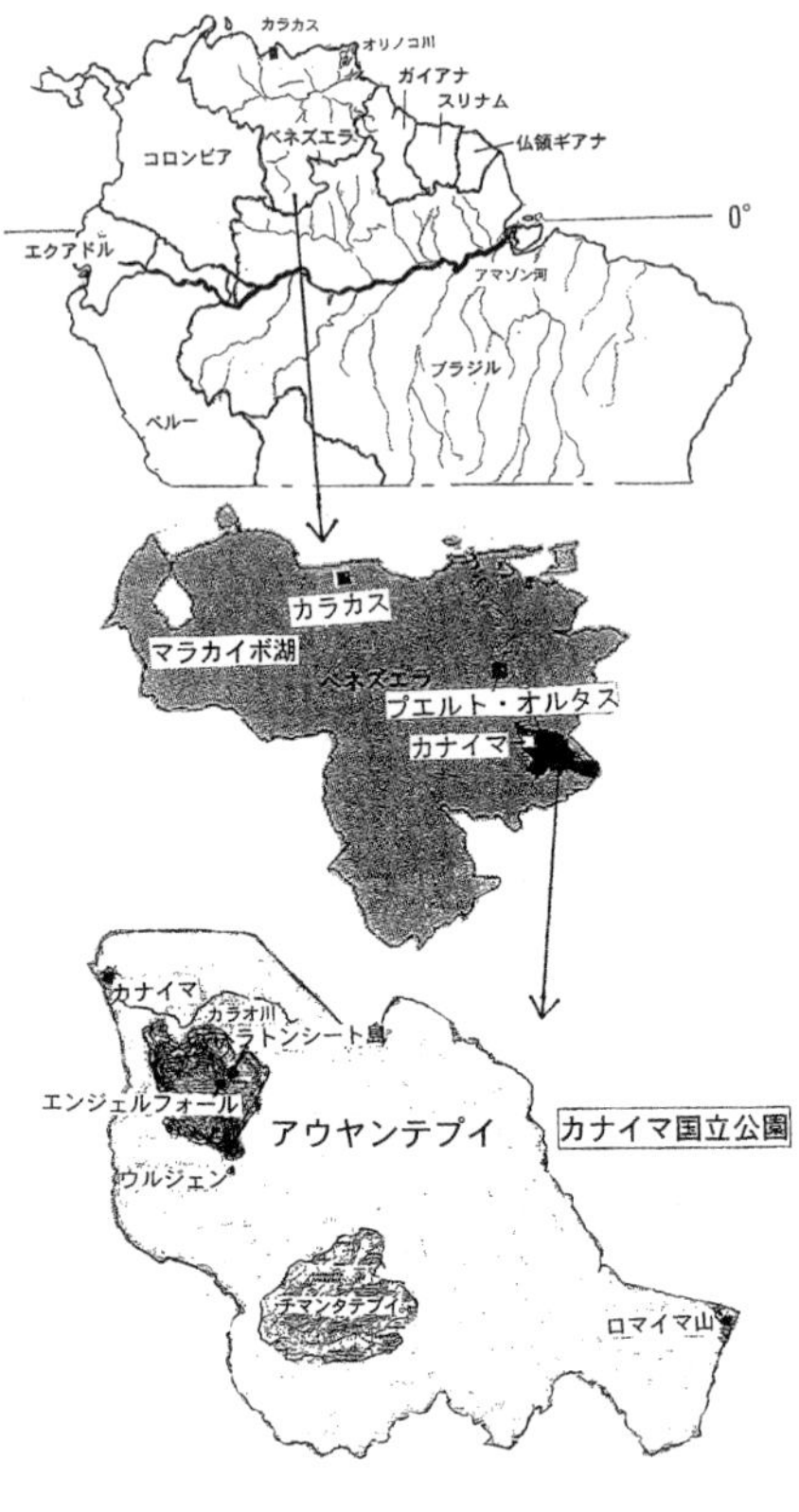

る。ところがギアナ高地は、ゴンドワナ大陸が分裂し移動する際に大陸の回転軸の中心に近い場所に位置していたためほとんど移動する事なくそこに留まった。従って他の大陸が何度かの気候変動の影響を受けたのに対し、この地域だけは熱帯気候のまま現在に至っている。そして地質学的には砂岩と頁岩（けつがん）から成るロマイマ層と呼ばれる地層とそれに貫入した輝緑岩から成る地層のうち浸食作用に強い岩盤だけが取り残されて、その結果500m～1000mの垂直な断崖に囲まれたテーブルマウンテン（テプイ）が生じたと言われている。

ベネズエラは、この貴重な地域を保護するため30000㎡（四国の1・6倍）もの面積を持つカナイマ国立公園を設置し、1994年にユネスコの世界自然遺産に登録されている。その中でアウヤンテプイはテーブルマウンテン（テプイ）の最大のものであり、周囲一帯に広がるグラン・サバナに住むペモン族の言葉で「悪霊の住む家」、一般的には「悪魔の山」と訳されている。標高2560m、総面積は東京23区を上回る広大なもので、その一角からは世界最大落差979mのエンジェルフォールが流れ落ちている。外界と隔絶された環境のためそこに棲息する多くの動植物の生態は解明されておらず、1980年以降の人工衛星からのレーダーによる地形探索をもってしても年中濃い霧に包まれている山々の完全な地勢地図は出来上がっていない。

1912年、シャーロック・ホームズの作者として知られるコナン・ドイルの小説「The Lost World（失われた世界）」の舞台となった地域であり、正に現代における最後の秘境と呼ばれる場所である。

今回はビジネス席の都合が悪く、ツアー仲間とはヒューストンで落ち合う予定にして2011年9月13日午後成田空港を単身旅立った。ロサンゼルスで国内線に乗り換え、ヒューストン空港のプエルト・オルダス行き搭乗口でツアー仲間と合流したのは翌日の午後10時過ぎであった。今回のツアーは総勢11名、1組の新婚カップルを除けば60歳前後の山男・山女（男性5名、女性4名）ばかりで、私より5歳上の中学教諭を退官した理科の先生がいて話が合う。そのまま深夜便でプエルト・オルダスに向かい、3日目の午後3時

（写真1）

（写真2）

頃空港近くのホテルに落ち着いた。

　翌朝いよいよ小型機でカナイマ国立公園の中心カナイマ空港に到着。次いで7人乗りセスナ2機に乗替えて、アウヤンテプイの南に位置するウルジェンに到着した。ウルジェンはグラン・サバナと呼ばれる草原（写真1）の中にあり、草葺きの円形ロッジが7～8棟建っているのみである（写真2）。ロッジは窓ガラスの代わりに防虫網が張ってあり、勿論天然の風がクーラーである。自家発電で電気が使えるのは夕食時間前後の3時間だけだが、嬉しい事に水シャワーがある。周囲は膝くらいの背丈の草原で、セスナ機の離発着する幅だけが草刈りされている。草原を歩いてみると早速「プリプリ」と呼ばれる1㎜から3～4㎜のブユの歓迎を受ける。眼の周りや露出した手足に纏わりつく。後で分かった事だが、この虫の大きめのやつに咬まれると3～4日赤い瘢痕が残ってすごく痒い。草原はイネ科、カヤツリグサ科の植物が主で、時にラン科の花を見掛けるが、場所によっては水が溜まっている。皆、防虫ネット付きの帽子を被って活動する。ロッジの裏側に幅10m程の川があり、川の水は透明で綺麗だが、タンニンなどの成分が含まれ紅茶色をしている。地面ではハキリアリが多く、せっせと草の葉の先端や木の葉を咬み切って巣の中に運び入れていた。この蟻は巣の中でキノコ（菌類）を発生させて食料にしているという。中央の食堂用ロッジで昼食をとる。オリノコ川で獲れるという1mを超える淡水魚「アムハラ」のソテーが出たが、添乗員の持参した醤油をかけて食べると意外に美味しかった。ベネズエラ産のビールが旨い。日射が強く午後は各自ロッジで吹き抜ける涼風に往路の疲れを癒す。夕刻ロッジに帰る途中、数匹のホタルが飛んでいるのを見つけた。発光時間が短く、用心深いためなかなか捕りにくかったがやっと1匹捕ってみると体長5㎜程で黒色をしており、羽根（上翅）は固くて顆粒があった。何だか高校時代の昆虫少年に戻った気分で楽しい。明日はいよいよアウヤンテプイに行けるとの期待を胸に9時の消灯と共に草原に響くかすかな遠雷を聞きながら眠りに就いた。

翌朝6時に起床、朝食を済ませて草原で7時30分に来るはずのヘリコプターを待つが来ない。8時、9時、待てども来ない。やむなくロッジの周辺を散策して時間を潰す。直径

（写真3）

（写真4）

6cm程の入口が横に開いた蜂の巣（写真3）やロッジの壁に体長20数cmのトカゲ（ヤモリ?）を見付けた（写真4）。散策する度にズボンの裾にヌスビトハギの種子が付いて来る。これを取るのも良い時間潰しだ。

　待ちくたびれた10時過ぎ、無線で我々が依頼しているヘリはウルジェン近郊のどの空港にもいないとの情報が入る。さては遭難かと仲間に緊張が走る。結局11時30分、爆音と共に草原にヘリが舞い降りた。予定より4時間遅れである。途中、雷雨のため不時着して天候回復を待っていたという。とりあえずパイロットと共にロッジで臨時の昼食をとる。1時過ぎよりヘリに食料・資材と2～3人ずつが乗り込み、5往復してアウヤンテプイ頂上に向かう事となった。私は副操縦席に座ったが、テプイの周囲を回りながら徐々に高度を上げ雲の切れるタイミングを見て一気に頂上台地に上る。期待と緊張の一瞬であった。頂上は一面の岩盤とその裂け目がクレバスのように走る。やっと午後3時半頃、全員がキャンプ地に到着した（写真5）。キャンプのリーダーは、プエルト・オルダスから同行した身長190cmはあろうかというドイツ人の大男である。ペモン族の部下一人とその14歳になるという長男を使ってテントの設営、調理など全てやってくれる。夕食を6時に岩盤の洞窟で食べていると、雷鳴と共に雨が降り出す。各自急いでテントに帰るとすぐ強烈な雷雨に見舞われ、岩盤の上に張られたテントの中で身動きが取れない。薄い1cmのゴムマットだけのクッションでは背中が痛い。雷雨は深夜に止んだが、テントは少し浸水し寝袋も湿って来て気持ち悪い。正に岩盤浴のような状態で寝袋にすっ込んで蓑虫のようになって朝を迎える事となった。深夜午前2時頃から午前4時頃までの間に谷の方向でセスナの爆音を3回程聞いた。後で分かった事だが、警戒の手薄な深夜にセスナ機で麻薬をコロンビアからスリナムに密輸しているという。永い歴史を持つテプイの山頂で現代の縮図を垣間見るとは思いもしなかった。翌日は晴れた午前中にテプイのトレッキングに

（写真5）

出る。朝、テントの周囲（写真6）でまず目につくのは食虫植物のブロッキニア・ヘリチオイデスである。黄緑色の筒状の葉に酸性の液体を溜め小さな虫を捕えている（写真７）。テント地点の標高は１１５０ｍ、テプイ頂上は表土が貧弱で栄養分や雨水がすぐ失われる特性がある。動植物の75％は固有種と言われ、食虫植物と蘭科植物の宝庫である。蘭はアウヤンテプイで約40種が見られるという（写真８）。岩盤の裂け目や水溜まりを避けなが

（写真6）

（写真7）

（写真8）

（写真9）

ら植生を痛めないように歩く。午後は曇って雨もパラついてきたので、予定をサボって一人テントで持参のブランデーを飲んで午睡を決め込む。近くの岩で直径40㎝もある地衣類が付いているのを見つけた（写真9）。テプイの天候は変わり易く午前は積乱雲が湧き上り、午後には雷とスコールに見舞われる毎日である。ふと小学生のときに読んだ「マラカイボの灯台」という本を思い出した。ベネズエラ西部に位置しカリブ海に接するマラカイボ湖の入口には、夜になると光を放つ不思議な灯台があるという話で、正体は頻発する稲妻であったという。この地域は特別に雷の発生が多いのだろう。夕方、昨日の洞窟でバーベキューをする。例のドイツ人が肉を焼いてくれるがドイツ流の味付けかいつも塩分が強くて塩辛い。飲み水は薄い紅茶色をした沢の水を飲む。ビールとロン（ラム酒）でいい気分になり、午後8時頃にテントで寝る。健康的なものだ。

翌日は1日コースのトレッキングで、テプイの頂上近くまで歩いて大型で綺麗な青色の花を付けたミミカキグサ科の食虫植物ウトリクラリア・フンボルテイを見る事が出来た（写真10）。この植物は根に二重の補虫嚢を持っているという。

（写真10）

水辺にはモウセンゴケが株立ちになって3㎝程に立ち上ったものや小さな黄色い花を付けたミミカキグサが沢山見られ、食虫植物の天下であった。

明日は5時起きしてヘリで山を下り、エンジェルフォールを見ながらラトンシート島のキャンプに入る予定のため早めの夕食を済ませてテントに入る。

朝6時、テントの撤収を終えて全員でヘリを待つが一向に来ない、例の洞窟でもう1泊野宿する覚悟もしなくてはならないかとの思いが心をよぎる。3時間半待った頃やっとの事でヘリが来た。3人1組で分乗してラトンシート島に下りる事になる。キャンプの下働きをしてくれたペモン族の親子は、歩いてウルジェンまで帰るという。2日半かかるそうだ。ヘリの窓外から見たエンジェルフォールは頂上部が雲に隠れて見えなかったが、テプイの間をチュルン川の渓谷に沿って30m程の低空で飛ぶ。川の水は茶色で深い所は暗褐色をして迫力があった。ラトンシート島というチュルン川の岸辺に作られたエンジェルフォールキャンプに昼前に到着する。このキャンプからはエンジェルフォールが眼前に眺められる（写真11）。午後、エンジェルフォール展望台まで山を登るが、急に雷雨になったので私は途中で引き返す。今夜は経験した事のないハンモックで寝る事になった。幸い蚊や「プリプリ」はいないので蚊帳を外して寝る。想像していた以上に寝心地が良い、やはり3泊に及ぶ「岩盤浴」の効果だろうか。翌日はキャンプ場前のチュルン川から舟でカナイマまで下る。全員救命具を付けて茶色の流れを周囲に数々のテプイを見ながら川を下り、オリノコ川の支流であるカラオ川に合流してカナイマを目指す。途中の急流地点は舟を降りて1km程グラン・サバナの中を歩いたが、昼前カナイマ

（写真11）

（写真12）

湖まで下る事が出来た（写真12）。カナイマは小規模ながらリゾート地になっており、カナイマ湖に流れ込むウカイマ、ゴンドリナ、アチャ、サポの4つの滝とエンジェルフォールのセスナ機遊覧飛行を呼び物にして湖畔に建てた80室ばかりのロッジと国営のレストランがある。ヤシの繊維で屋根を葺いた白い壁のなかなか小綺麗な感じの良いロッジだ。何よりも嬉しいのはロッジにエアコンがあり、お湯の出るシャワーがある事だ。早速水着を着込んでカナイマ湖の遊覧とサポの滝の裏側を歩くトレッキングに出る。圧倒的な水量のサポの滝の裏側を滑る岩に足をとられない様に注意しながら無事潜り抜ける（写真13）。現地で最後の夕食を瀟洒な国営レストランでとる。緊張が取れたのか殊更ビールが旨い。ロッジの5日ぶりのベッドは最高の寝心地だ。翌日19人乗りの小型機でカナイマを発ちプエルト・オルダスを経由してカラカスで1泊する。ヒューストンで仲間と別れてロス経由で帰国の途についた。

（写真13）

結果論になるがこのツアーは今回催行されたのみで、今後の催行は予定されていない。誠に幸運だったと言わねばならない。

アウヤンテプイ（ベネズエラ）を訪ねて

突然のアウヤンテプイ行きであったが、私にとって未知の自然と動植物に満ちた世界に浸る事の出来た充実した12日間であった。次は10月16日、以前から計画していた秋のブルゴーニュとアルザス地方へワインの旅に出掛ける事にする。どうやら「秘境探訪症」に続いて「アルコール嗜好症」も再発してしまったようである。

（2011・10・15　記）

ツアー名「アウヤンテプイ滞在とエンジェルフォール　12日間」

2011・9・13出発　　西遊旅行

ベンガルトラを求めて

ベンガルトラを求めて

最近、暇をみつけてレッド・データ・アニマルズ（講談社）全8巻を読破した。世界各地で70数億を突破した人類におされて棲息環境の悪化や森林、原野の縮小、狩猟などにより急激に絶滅種（ＥＸ）、絶滅寸前種（ＣＲ）、絶滅危惧種（ＥＮ）、危急種（ＶＵ）が増えている。

その中でも哺乳類最大の肉食獣であるトラは、国際自然保護連合（ＩＵＣＮ）の分類では8つの亜種に分類されていて、そのうちジャワトラ、バリトラ、カスピトラの3亜種は既に絶滅した。現在生存するのは、シベリアトラ、スマトラトラ、アモイトラ、インドシナトラ、ベンガルトラの5亜種のみである。

トラは、19世紀末には世界で10万頭ほど棲息していたと推定されているが、毛皮や漢方薬（虎骨）目当ての狩猟やスポーツハンティングの対象となり、１９７2年インドの総個体数の調査の結果は２５００頭にまで減少していた。この事態を重く受け止めた世界自然保護基金（ＷＷＦ）と当時のインドのインディラ・ガンジー首相やバングラデシュのラーマン首相などが積極的に完全禁猟、国立公園の指定などの対策を直ちに実行してトラを保護する「プロジェクト・タイガー」の活動を開始した。この保護活動により、ようやく近年その減少が食い止められたとされているものの、野生のトラ全体の総数は2010年の国際自然保護連合の調査で3062～5066頭といわれる絶滅危惧種（EN）である。

昔から百獣の王はライオンと言われて来た。ライオンはネコ科の中では珍しく15～40頭ほどの群を作って暮らす。群の中には確かに立派なたてがみを持った雄がいるが、雌の家系を中心としたプライド（群）の繁殖の相手と用心棒役をつとめる以外は狩りはほとんど雌に任せ、捕獲した獲物を先を争って食べて満腹になると昼寝ばかりしている怠惰な生活を送る。平均4年で新しい雄にプライドを乗っ取られてしまうという哀れな存在である。一方トラは雄も雌も繁殖期以外はほとんど単独で行動し、時には獲物を複数の個体で食べることもあるようだが、まだ十分な生態はわかっていない。美しい縞模様の毛皮に覆われ、神秘性と孤高な気品を漂わせている。

野生のトラを見たいとの永年の願望が募り、ベンガルトラに出会う旅を思い立った。インドにある15の動物保護区のうち最も多くベンガルトラが棲息しているのはインドの東、バングラデシュに接するトラの保護区で世界自然遺産となっているスンダルバンス国立公園である。だがそこは、ガンジス川口のデルタ地帯でマングローブの林であり、トラを観察出来る適当なツアーは見当たらない。

そこで今回、トラと遭遇する率が一番高いといわれるインド中央部、デカン高原のカーナ国立公園とバンダウガル国立公園のサファリツアーに参加することにした。

２０１２年４月８日関西国際空港を14時10分発のエアーインディアで出発、香港経由正味約９時間の飛行でデリーのインディラ・ガンジー国際空港に21時10分に到着した。この空港は２０１０年に新しく完成した広くて美しい施設である。

外気温は37度、まだ春寒い日本から来るとその格差に戸惑う。早速空港近くのホテルに落着き、明日の早い出発に備える。

今回のツアーメンバーは男性３名、女性８名。世界各地の秘境経験者とこの旅行社のリピーターでいずれも海千山千の個性の強い連中だが、トラにとりわけ執心しているのは私一人のようである。

早朝３時30分起床。デリー発７時10分のKING FISHER（カワセミの意）航空の80人乗りのプロペラ付きジェット機でシャバルプールに向かう（図１）。

滑走路１本のみの鄙びたシャバルプール空港に９時20分に到着。途中で昼食をとって一路南へ２２０㎞を小型バスで走る。

道路は８割程度が舗装されているが未舗装部は土ぼこりが舞い上がる。村を通る時は牛が悠々とマイペースで道路を横断するので、スピードが出せない。おまけに車も単車も後

（図1）

ろを気にせず道路の中央寄りを走るので、追い越す時はけたたましいクラクションを鳴らすのがルールのようだ。

やっとのことでロッジ風の宿についたのは午後4時30分を過ぎていた。このロッジ、インフィニティ カーナ ウィルダーネス（INFINITY KANHA WILDERNESS）はトラの保護や医療活動を行っているコルベット財団が運営しているという瀟洒な建物で大きな室とルームクーラー、温水シャワーの設備がある。インドは時々停電があるがすぐ自家発電に切り換えてバックアップしていた。

夕食前にトラの生態についてのビデオを見る。

カーナ国立公園は１９５５年6月に制定され、現在敷地のうち25％が車の走行を許され、一般開放されているという。全体の面積は１９４５㎢（三重県の33％）と広く、その中に80頭程が棲息しているという。トラに出会えるか心配なものだ。明日からはいよいよ朝4

時に起床して、6時からの公園開門に合わせたサファリが始まる。夕食は当然ながらカレー味の料理がほとんどであまり口に合わないが、小麦粉を鉄板で「ナン」より薄く焼いた「チャパティ」に付けて食べる。冷えたKING FISHER銘のビールが旨い。温水シャワーを浴びて早く眠ることにした。

翌朝5時30分、ロッジの事務所前にオープン型の小型のジープが迎えに来てくれる。12名が3台に分乗して公園の入口に向かうが、既に二十数台のジープが集合していた（写真1）。

6時の開門直前、管理事務所でコースの指定を受けたガイドが各車に乗り込み、車は公園内のそれぞれのコースに分れて進む。気温は18度程度、昨日の昼間の暑さに比べれば涼しく感じられる。森は沙羅の樹（SHOREA ROBSTA）が多く美しい。

（写真1）

この木はインド中・北部からヒマラヤ地方に生育している種で樹高は30m～35mにもなる。大きな木で葉も大きく、日本でいうシャラノキ（ナツツバキ）とは全く別種のものだ。樹間には美しい鳥が多くインドクジャク、インディア

（写真2）

（写真3）

ンローラー（写真2）、マダラサイチョウ、トキの仲間を見た。草原にはガウル（インド野牛Bosfrontalis）（写真3）やトラの獲物となるアクシスジカや灰褐色の大型の鹿バラシンハ（写真4）を見る事が出来た。

　トラの新しい足跡を見つけた。鹿の警戒音が森に響く。皆に緊張感が走り、車を止めて20～30分待ったがトラはついに姿を現さなかった。

　公園の広場に戻って車のボンネットを食卓代わりに朝食のランチボックスを開く。

　食後再び森の中を探索したがトラに会えず、やむなくオプション600ルピー（約1200円）で象の背に乗って森の中へ分け入る。

　森の奥で横になっている3才になるという若い個体を見つけたが、ブッシュに隠れてあまり迫力のある状態ではなかった。

11時頃、公園を出てロッジに戻る。昼食後になると気温はどんどん上昇し、室内で35～36度、外気温は39～40度になる。

室温はなかなか下がらず、クーラーを精一杯効かせて再び公園に戻り午後4時開門のサファリに出発する。午後の光を浴びて木々の緑が美しい。トラには会えなかったがラグーン・モンキー、インドイノシシ、アクシスジカなど、また鳥では野生のニワトリ、シギの仲間、ハヤブサの仲間に出会った。

（写真4）

翌朝再び6時から午前のサファリに出る。公園の山路は凹凸が激しくジープのシートが薄いので、お尻が痛くなる以外は大分ペースに慣れて来て快適である。
動物や鳥などは昨日とほとんど変りはなかったが、美しい沙羅の樹の森と自然の息吹を満喫できた。10時20分、いよいよカーナ国立公園を離れて次の目的地バンダウガル国立公園に向かって３３０㎞を北上する。
村はずれで、マウア（ＭＡＨＵＡ）の木の下で実を拾っている美しい衣装を付けた子どもに出会う。この木の実は食べてみると黄色くやわらかくて甘い。食料やお酒を作るのだという（写真5）。

（写真5）

インドは直轄領を含めると35州に分れており、カーナ国立公園とバンダウガル国立公園はインド中央部を占めるマディヤ・プラデーシュ州にある。州の面積は日本の本土と同じくらいというからスケールが大きい。この国は多言語国家で指定語だけでも22言語が使われており、州が異なると国が変わったかと思うほど風習が違うと言われるが、マディヤ・プラデーシュ州の大部分は農村で州都は空港のあるシャバルプールである。

今の季節は乾期の終わりに当たり、村では小麦の収穫と脱穀や麦わら干しの作業がみられた。牛糞を50cm大の円盤状に乾かし固めて燃料として利用している。人々はゴムゾウリか裸足で歩いており、各地で見られるようにヒンドゥ教で崇められている牛が放し飼いされている。中には野良犬ならぬ野良牛もいるらしい。

夕方4時にはバンダウガル国立公園のインフィニティ　バンダウガル　ウィルダーネス

(INFINITY BANDHAVGARH WILDERNESS）に到着。
中庭の所々にインディアンバンブーの生えたロッジの一室を割り当てられた（写真６）。ここも同じコルベット財団の経営で設備が整っている。

（写真6）

バンダウガル国立公園は約４５０㎢という狭い敷地内に現在56頭のトラが棲息しており、一般開放されている１０５㎢に25頭ものトラがいるため遭遇率は世界一といわれている。いよいよ最後のチャンスである。明日と明後日に期待を込めて、夕食は変わりばえしないがビールを１本追加して幸運を祈る。毎食後に飲むアッサム茶を煮出して作るマサラチャイは旨い。

翌日、バンダウガルのサファリも朝６時に公園ゲートにジープが集合して始まった。早速、道路際の高さ20ｍ程の岩の上にまだ６ヶ月程だという子供のトラが顔を見せる。距離が遠いのと森の木々に邪魔されてはっきり見えないのが残念だ。草地ではアクシスジカが多く見られる（写真７）。

（写真7）

（写真8）

午後4時からのサファリが始まって間もなく木に止まっているインドクジャクの雄（写真8）を見た後、朝に子供のトラを見付けた場所にさしかかった時、路上に数台の車が止まっている。道路右脇の浅い谷に雄のトラが入ったのを目撃したらしい。

私達の車も待機する方が良いとガイドが言うので、その指示に従うことにする。

車がエンジンを切ると急に森の静寂と鳥の声が大きく感じられる。時々ガイド仲間が小声で話すヒンドゥ語以外誰も声をひそめている。待つこと1時間10分、おもむろにトラが谷を出て私達の車の右側の林を歩きだした（写真9）。皆息を殺して目でトラの姿を追う。

しばらく視界から姿を消したがどうやら道路のすぐ際を歩いている音がする。
突然、私達の車の直前に姿を現わした。距離はわずか6～7m、想像したより大きく美しい毛並みと周囲を威圧する風格に圧倒される。1台の車が移動を試みてエンジンをかけた瞬間、下を見て歩いて来たトラがそちらを睨みつけて威嚇した。その目には野生の輝きが満ちていた（写真10）。

（写真9）

私は丁度映画のスローモーションフィルムを見ているような気持ちで夢中でシャッターを切っていた。
トラは悠然と道路を横断して左側の水のたまった草地をゆっくりとした歩みで渡り、林の中に姿を消した。
呆然とした私を乗せて車はさらに森の中をトラを探して走り回る。ガイドが注意をはらう場所を見ていると、どうやらここのガイドたちはトラが自分のテリトリーを巡回するコースを熟知しているらしい。
このトラとの遭遇は今まで私の経験して来たケニア、タンザニアなどの動物めがけて車を走らせる「攻め」のサファリと全く異なり、森の中でじっと動物を待つ「待ち」のサファ

（写真10）

りであった。これがこのサファリの醍醐味であろうかと満足感を胸にロッジに帰る。

夕食前、ロッジの別棟で「トラを飼う寺院」のビデオを見ていると突然の雷と豪雨に見舞われる。例年に比べて今年は雨季の到来が早いかもしれないとの話が出ていた。

翌日のサファリは、ハゲコウ、ミミヅク、コシジロハゲワシ、野生のニワトリなど鳥類が目立ち、特にインドクジャクの繁殖期か雄のディスプレイと森の中を歩くペアが数多く見られた。

午後6時、公園を離れて南へ250㎞の路を又クラクションを鳴らしながらひたすら走る。道路には全く街灯がなく、途中の村では暗くなっても牛と無灯火の人が歩いている。村の中心らしい道路沿いの家には、暗いながらも電灯が引かれているのが見られた。

やっとの事でシャバルブールのホテルに到着したのは午後11時30分になっていた。翌日、デリーで半日を過ごし、4月14日デリー発23時15分エアーインディアで帰途についた。

今回のツアーでは、前回訪印した時に目にしたインドの観光地などの表の顔ばかりでなく、田舎や雄大な自然を垣間見る事が出来た。特に、世界最大の肉食獣ベンガルトラの野生の姿を間近に見られた事は誠に幸運であったと言わなくてはならない。

早速スチュワーデスに注文する。「シャンパンをもう一杯！」

（2012・5・20 記）

ツアー名「インド サファリ ベンガルタイガーを求めて 8日間」

2012・4・8出発 西遊旅行

小笠原諸島を訪ねて

小笠原諸島を訪ねて

最近、世界遺産に興味を持つ人が増えたように思われる。世界遺産条約がユネスコで締結されたのは1972年に遡るが、当時は、この活動を主導していた欧米を中心とした西ヨーロッパのキリスト教建造物等の文化遺産や北米の自然遺産に偏っていた。

1994年からグローバル化が進められるようになり、2011年12月現在では936件もの世界遺産（文化遺産725件、自然遺産183件、複合遺産28件）が登録されている。そのうち、日本の世界遺産は16件、自然遺産は知床、白神山地、屋久島、小笠原諸島の4ヶ所である。

とりわけ、2011年に新しく登録された平泉（文化遺産）と小笠原諸島はマスコミに取り上げられる機会が増え、急に観光客が増加している。昔から地味ではあるが、独特の生態系が保たれ守られている小笠原諸島には、今のうちに『行かねばならぬ』との想いからこの旅行を決心した。

ただ、小笠原諸島へは空路が無い。東京竹芝桟橋を出航してから父島の二見港に到着するまで25時間30分もの時間を要する（図1）。

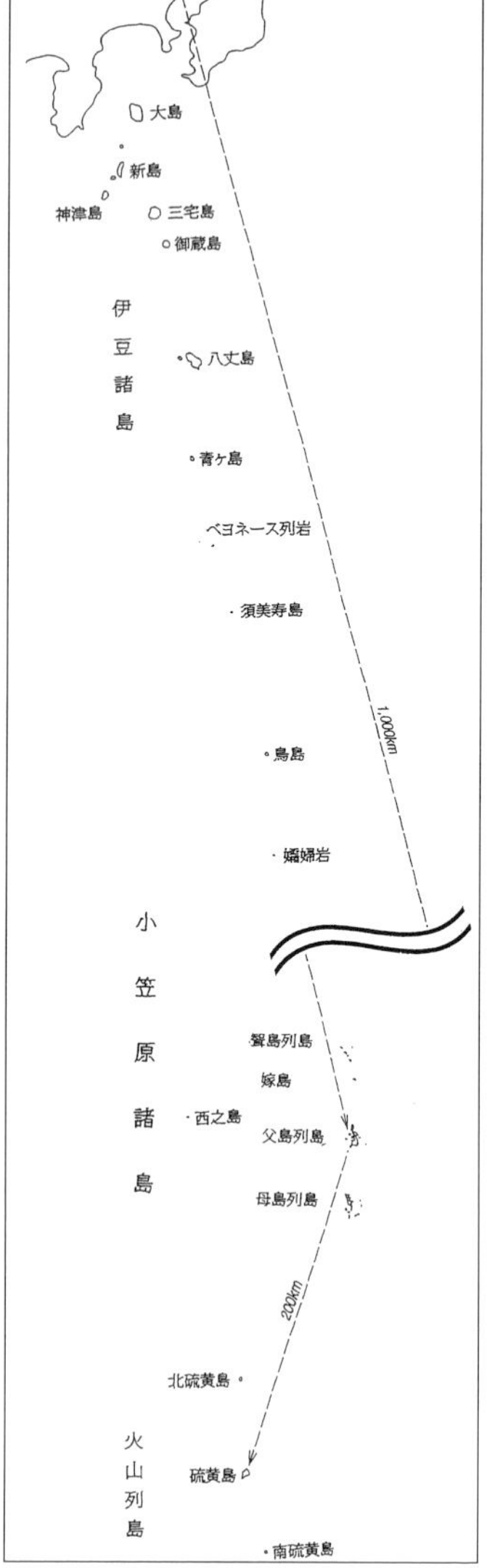

（図1）

元来せっかちな性格の私にとって、25時間30分も船室に拘束される船旅に耐えられるだろうかと一抹の不安を胸に抱きながら、２０１２年６月27日午前10時、東京竹芝桟橋を「おがさわら丸」で出航した。竹芝桟橋周辺の風景はビルが林立し、スカイツリーも見えて素晴らしいが、海水は番茶色で少しがっかりさせられる。海は羽田空港沖を過ぎ、浦賀水道を抜けると徐々に本来の色を取り戻してきた。「おがさわら丸」は定員１０３６名、南南東１０００㎞の父島目がけて、25~35ノットでひたすら走る。

デッキで海と船に並んで飛ぶカツオドリを眺めるのに飽きて船室に戻る。船室は一人で使用出来る最も良いクラスの「特一等」だが、夜行寝台車を少し広くした程度の二段ベッドの4人室である。

ここで、小笠原諸島の歴史について調べてみると、島はおよそ4800万年前に父島列島と聟島列島、4500万年過ぎに母島列島を形作る元となった海底火山が噴火した後、周囲にサンゴ礁が発達した火山島で「海洋島」である。小笠原諸島に日本人が住むようになった後のいきさつは、時代の流れに弄ばれた島の歴史を知らされて興味深い。

まず、有史前に人が住んでいた痕跡としては、近年北硫黄島でマリアナ諸島で使用されていた円筒石器が発見された他、父島からも石器が母島からは骨角器が見つかっているが、かなり永い間無人島の状態が続いていたと考えられる。

1670年、紀州の有田から江戸に向かったミカン船が遭難し母島に漂着、船を修理して八丈島経由で下田に帰還して、無人島があることを幕府に届け出る。

1675年、幕府が嶋谷市左衛門の調査団を派遣し、島々の探検・測量を行い地図を作製して「大日本之内也」の標識を父島に建てる。

1727年、小笠原諸島発見のニュースが長崎の医師ケンペルの「日本誌」によりヨーロッパに伝えられる。同じ年、江戸で小笠原貞任という浪人がこの島は先祖の小笠原貞頼が1593年に発見した島であると古文書「巽無人島記」をもって幕府に申し出る。（この古文書に記されていた父島、母島等の島名が後日定着する。）

１７３５年、古文書は偽造であると判定され、小笠原貞任は重追放に処せられる。

１８２７年、幕府は鎖国のため島を放置していたが、英国の探検船ブロッサム号により再発見されイギリス領の宣言がなされるが、英政府はこれを承認せず。

１８３０年、ハワイからアメリカ人ら白人５人とハワイ人20人が父島に移住。

１８５３年、ペリー提督父島に来航。彼の指導の下で自治政府が作られる。

１８６２年、外国奉行 水野忠徳らが「咸臨丸」で来島し、日本の領土と宣言し八丈島より入植者が移住。

１８６３年、「生麦事件」の影響で英国軍の襲撃を恐れて官民総引き揚げ。

１８７５年、「明治丸」で小花作之助他役人から成る日本調査団が父島に到着。翌年より八丈島より移民が到着。

１９２７年、昭和天皇が父島、母島訪問。

１９４４年、１９２０年より父島に要塞司令部が置かれて陸軍が駐屯。最後の島民が強制疎開。同年、後に米大統領になるジョージ・ブッシュが父島の対空砲火により撃墜され、一人だけ生還。

１９４６年2月、島民全員引き揚げ。10月には欧米系島民１２６名のみ帰島。

１９６８年、米軍統治下の「空白の23年間」を経て日本返還。移住再開される。

２００２年、米大統領ジョージ・ブッシュが戦友慰霊のため父島訪問。
２００６年、平成天皇が父島・母島訪問。
２０１１年、現在の人口は父島約２０００人、母島約４５０人。世界自然遺産に登録される。

さて、人間以外の生物がこの「海洋島」（一度も大陸と陸続きにならず、海に孤立してきた島）に辿り着くには３Ｗ、つまり風（Wind）、翼（Wing）、波（Wave）の３つの方法しかない。いずれかの方法で島に辿り着いたのは、動物では、哺乳類はオガサワラオオコウモリ（固有種）１種のみで、鳥類はメグロ、アカガシラカラスバト、オガサワラハシナガウグイス等が固有種である。昆虫類ではオガサワラタマムシ、オガサワラハンミョウ、オガサワラシジミ（蝶）等が固有種として知られている他、現在でも新種が発見されている。中でも注目すべきは陸産貝類（カタツムリ等）は１００種以上が棲息するが、95％が固有種であるという。植物では、島に自生する植物のうち30％の約１６０種が固有種であり、ムニンヒメツバキ、ワダンノキ、タコノキ、マルハチ等が知られている。

しかしながら、人の移住と共に外来生物が島に侵入し、動物ではヤギ、ネコ、クマネズミ、グリーンアノール、オオヒキガエル等、植物ではアカギ、ギンネム等が固有種の生存を脅かしている。

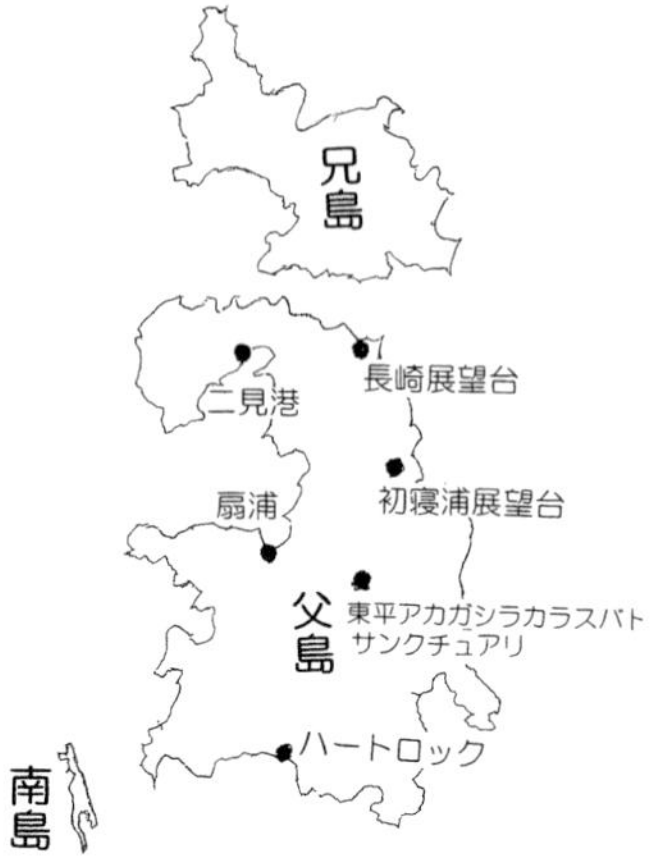

（図2）

6月28日11時30分、父島の姿が大きくなり二見港に入る（図2）。海は紺碧で透明度が素晴らしい。これを「ボニンブルー」と言うのだろうか。港近くにはアオウミガメの泳ぐ姿も見られ、大勢の歓迎を受けて着岸する。外来生物を防ぐため、薬液のマットで靴を消毒して上陸する。早速荷物から小型リュックを取り出し、あとはホテルから出迎えの従業員に託して街へ出る。港から続く大村地区の「湾岸通り」や「ボニン通り」は歩いて回るのにそれほど距離がなくまだ観光ズレしていない。前から調べておいた老舗の「島寿し」で昼食をとる。亀ズシはアオウミガメの赤身の肉を使い、味は鹿肉と似てサッパリとしている。島ズシとはオキサワラをミリンや酒の効いた醤油ダレに漬けておきワサビの代わりにカラシを付けて握ったもので、想像していたより美味しく口に合った。直射日光が強く照りつけ気温は30度、冷えたビールが旨い。慌ただしく午後1時30分出発のツアーに参加する。

まず始めに島の北東の長崎展望台に向かう。目の前に兄島が見え、父島との間は兄島瀬戸と呼ばれる潮流の速いところという。幅は狭いが、白砂に映えたサファイアブルーの海が素晴らしい。

続いて、景勝地である初寝浦展望台でムニンヒメツバキの花を見る（写真1）。これは小笠原村の花に指定されている。崖の上に野生化したヤギを見掛けた。ヤギはペリーの時代に持ち込まれた外来種で、島の固有植物を食害し近年駆除が進んでいるがまだ父島だけに残っている（写真2）。外来生物の脅威は小笠原の動植物にとって深刻な問題となっている。次に向かった東平アカガシラカラスバトのサンクチュアリは林野庁が管理しているエリアで、鳩の繁殖地を守るため、ヤギ、ネコ防止用の柵が延々と張り巡らされて、免許を持ったガイドの同行が無いと入れない。サンクチュアリの入り口で又厳重に靴の消毒をして中に入る（写真3）。

サンクチュアリの中は乾性低

（写真1）

（写真2）

（写真3）

（写真4）
（「小笠原を歩こう」小笠原恵介著より転載）

木林の植生がよく保たれており、いずれも固有種であるオガサワラビロウ、ノヤシ、木性シダの仲間であるマルハチの木を見付けた（写真4）。この木はシダの葉をつけた枝が落ちた痕が幹に丸に逆さの八の字を描いたように見える（写真5）。結局アカガシラカラスバトには出合えなかったが、ガイドでも今まで2、3回しか見かけていないという程減少しており、全島で100羽程しか棲息していないらしい。今後の保護と増殖を待つしかない。

夕方、ツアーが終わってガイドが今夜の宿である扇浦の「ホテルホライズン」まで送ってくれたが、まだ日が高いので近くの小笠原神社まで散歩する。神社の境内には「無人島発見の碑」が夕日を浴びて寂しく建っていた（写真6）。ホテルで夕食を済ませると休む間もなくナイトツアーに参加する。目的は発光するキノコであるヤコウダケ（グリーンペペ）やオガサワラオオコウモリ、オカヤドカリの観察であったが条件が悪く、小港海岸で波打際に放卵のため集まった多数のムラサキオカヤドカリ（天然記念物、固有種）だけは

（写真5）
（上下逆に掲載）

（写真6）

（写真7）

見ることが出来た（写真7）。

翌朝は5時30分頃、小鳥の囀りに起こされ目が覚める。今日は一日父島の「海ツアー」である。元来あまりマリンスポーツに興味が無いが、一日100人、ガイド1人あたり15人までと厳しい制限のある南島に上陸したいために参加を予約した。二見港を出た船は北上して父島と兄島の間にある兄島海域公園でシュノーケリングを行った後、外海に出て鯨を探す。15㎞～20㎞の範囲なら鯨のクリック音をキャッチ出来る高性能装置を装備している船だが、残念ながら今日は鯨が近くにいないようだ。潮時をみて南島に向かう。南島の入口は水深が浅いため、船はバランスを取りながら慎重に入江に入って接岸する。南島は石灰岩で出来ており「沈水カルスト」という特殊な地形をしている。白い砂とエメラルドグリーンに輝く扇池と海蝕崖が美しい（写真8）。この南島にはカツオドリ、オナガミズナギドリ、アナドリ等が営巣している。砂浜にはアオウミガメが上陸した産卵あとが数個以上認められ、絶滅したヒロベソカタマイマイの貝殻が散らばっていた。南島を後にして父島の南端に近い若者に人気の千尋岩（ハートロック）（写真9）を通っ

（写真8）

て東側の海岸にイルカを探す。幸運にもマンタ（オニイトマキエイ）、ハシナガイルカの群に出合う。ハシナガイルカは50～１００頭の大群で船に併走して海面からジャンプを繰り返していた（写真10）。

小笠原諸島を「おがさわら丸」一航海（６日間）の期間で訪れるには往復にそれぞれ25時間30分を要するため、島の滞在は丸２日と入・出港日の半日ずつしかない。今回の小笠原旅行はなるべく能率よく動植物に触れようと、ほとんど事前に申し込んだツアーだけに加入して過ごしたが、一日くらいは一人でのんびりしたいとの想いもあって6月30日は一人で母島に旅立つことにした。7時30分発の「ははじま丸」で母島に向かう。母島までは2時間10分を要して9時40分着、船便の都合で14時には母島を出発しなけれ

（写真9）

（写真10）

（図3）

（写真11）

ばならない忙しいスケジュールだ（図3）。

母島の人口は約４５０人と言われ、沖港に入港しても観光関係者の出迎えはほとんどなく、海岸にはグンバイヒルガオが満開であった（写真11）。港の隣にあるアオウミガメ保護センターを見て集落の中をしばらく歩いた後、目標としていた乳房山トレッキングコースを登る。乳房山の標高は４６３ｍだが標高０ｍから登るのはかなりきつい。時間に余裕が無いので、最初から頂上は諦めて林道をゆっくり動植物を観察しながら登る。オガサワラビロウ、タコノキの茂る林道で一息入れているとオガサワラトカゲや外来種のアフリカマイマイ、グリーンアノール等に出合う（写真12）。突然頭上の樹にハハジマメグロ（天然記念物、固有種）が姿を見せた。不思議そうにこちらを見つめている。思わずシャッターを切った（写真13）。ゆっくりマイペースで過ごした乳房山のトレッキングに満足して母島を後にした。

最終日朝、近くの小笠原亜熱帯農業センターの周囲を散歩した後、ホテルの庭でゆっくりと寛ぐ。庭にはパキラの木（カイエンナッツ）があり実を付けている。小笠原では本土では実を付けない観葉植物のパキラやモンステラも実を付けて食用にな

（写真12）

（写真13）

（写真14）

るようだ。このホテルは小笠原では一番設備が整ったホテルであるが、夜になると中庭にオオヒキガエルが現れるし、ベランダにはグリーンアノールが走る。グリーンアノールは捕獲用の粘着テープ通称「アノールホイホイ」で駆除しているが、数が多くオオヒキガエルと共になかなか絶滅させるのは大変なようだ。

出航まで街に出て大村地区を散策する。街にはボニンコーヒー、ボニンソルト、ムニンツツジ等「ボニン」「ムニン」等の名前が付いたものが多い。これは江戸時代後期に小笠原諸島が八丈島の南東に位置することから辰巳無人島（たつみぶにんじま）とか無人島（むにんじま）と呼ばれたことに由来するらしい。大村海岸、聖ジョージ教会、小笠原ビジターセンターを回ったが、最後に訪れたビジターセンターでは硫黄島のビデオを見た。ここから２００kmしか離れていない激戦地硫黄島の現状のビデオでは当時を思い出して胸の熱くなるのを禁じ得なかった。

7月1日午後2時、いよいよ出航だ。青年団が太鼓を打ち鳴らし、ほとんどの宿泊施設やツアー会社等の従業員が港に見送りに集まった。船が岸壁を離れても見送りに出航した

小笠原諸島を訪ねて

海のツアーの会社等の十数隻の船がおがさわら丸といつまでも併走する。走る船からダイビングインストラクターや若者たちが海に飛び込む。何とも心温まる微笑ましい風景だ（写真14）。島がいつまでも観光ズレせず、純朴で明るく健康的なことを願って小笠原諸島を後にした。

（2012・7・20　記）

ツアー名「東洋のガラパゴス　小笠原諸島　6日間」

2012・6・27出発　JTB

ボリビアにアマゾン源流域と
ウユニ塩湖を訪ねて

ボリビアにアマゾン源流域とウユニ塩湖を訪ねて

昨年、パタゴニアとエンジェルフォールの流れ落ちる台地アウヤンテプイの頂上を幸運にも訪れる事が出来たこともあって、最近は再び南米の手つかずの動植物と雄大なスケールの大自然に魅了されている。

このたび、かなりマニアックな企画をする旅行社から「アマゾン源流域クルーズとボリビア大横断」のツアー催行が決定したので参加しないかとお誘いがあった。以前２００１年に訪れたアマゾン中流のマナウス附近とはまた異なった世界が期待される。それに乾季の晴天の下に広がるウユニ塩湖は是非見たいものだ。

今回の旅は、ボリビアの首都と見なされているラパスを始め、標高４０００mを超える高地が含まれるかなりハードなものなので体力的にやや不安がないわけでもないが、旅の誘惑には勝てず『行かねばならぬ』と2週間の旅に参加を決心した。

ボリビアは、正式にはボリビア多民族国（Estado Plurinacional de Bolivia）と称する。人口は１０４３万人、インディヘナ（先住民）が55％、メスティソ（先住民とヨーロッパ人の混血）が32%を占めるプレインカ時代からの歴史と伝統を持つ特徴のある内陸国である。

　国土は日本の約3.3倍、地形は西部をアンデス山脈が縦断して6000m級の高山が14峰もある高原地帯（アルティプラーノ）を形成し、東はアンデス東麓の渓谷地帯（バリェ）とさらに東のアマゾン源流地域、パンタナール湿地とサバンナ状の平原地帯（リャノ）となる。全く環境の違う3つの地域に分けられる極端な西高東低の国である（図1）。

（図1）

　2013年6月10日、成田で今回のツアーメンバー（男性2人、女性6人）と合流しアメリカン航空で旅立つ。成田からボリビアまではダラス、マイアミ、ラパスを経由してやっとのことでボリビア中央部第2の都市サンタ・クルス（サンタ・クルス・デ・ラ・シエラ）のVIRU VIRU空港に到着した。この空港は1983年日本の援助を得て完成したという。気温28度、標高は460mである。

　早速街に出てレストランで昼食を摂る。機内食に飽きた口にはよく冷えたビール（セルベッサ）が旨い。街はスペイン統治下の影響でコロニアル風の建物も見られ、以前訪れたグアテマラの街に雰囲気が似ている。街にはトヨタ、日産を始めとする日本車が走り、多くはペルーを経由した中古車だという。中には前の所有者であった日本の会社名をそのまま残したままで走っているものもある。

サンタ・クルス市の近郊にはコロニア・サン・ファンやコロニア・オキナワという日本人移民が開拓した街がある。それぞれ米と小麦生産の中心地として発展し日本人協会もある。第二次世界大戦後、日本人移民が農業、養鶏、畜産業の基礎を築いた歴史によるものだ。

（写真1）

サンタ・クルスでの5時間の休憩も慌ただしく国内線に乗り換え、19人乗りの小型機で1時間、トリニダの空港に到着。トリニダの標高は僅か１４０ｍしかない。アマゾン川は源流から僅かな標高差を６４００㎞も蛇行しながら悠然と流れ下り、ブラジルのベレン附近で大西洋に注ぐ流域面積世界一の大河だ。我々は早速アマゾン源流部の支流イバレ川岸の船着場から小型ボートで30分程川を下る（写真１）。気温は38度。蒸し暑いが川風が心地良い。川岸には大木が生い茂り、樹冠には時折サルが姿を見せる。カワセミを始め鳥の種類が多く、気を取られているうちにボートはイバレ川とマモレ川の合流点に停泊していたアマゾン源流探訪の拠点である3階建てのフローティング・ホテル・レイナ・デ・エニン号に到着した（写真2）。到着までに要した時間は実に丸2日余り52時間、正味飛行時間23時間の長旅であった。この船を取り仕切るのは3年前にボリビアに来てこの仕事に取り付かれたというポルトガル人の女船長バルバラ。年齢は50歳代の陽気な人だ。船のスタッフも明るく感じが良い。レイナ・デ・エニン号は総重量16トンながら客室12室を持つ3階建ての双胴船だ。船室の窓や通路は全て虫除けの網戸になっていて、船室にはシャワーとエアコンがあるがエアコンは自家発電のこともあり余程の暑さの時にしか使用しないようだ。自室に入って蚊取り線香に火を付けると懐かしい香りが漂った。

（写真2）

夕方、船は翌日に備えてマモレ川を遡航し、ジャングルウオークが出来る地点に向かう。川面には大量の浮草ホテイアオイが流れ、川岸にはパンパスグラスが茂る。マモレ川の水はタンニンを含み岸から崩れ落ちる土砂のため茶褐色であるが、岸辺にはウ、サギ、カワセミ、コウノトリ、インコ、猛禽類の鳥やカメ、ワニ（カイマン）などが見られる。川は雨季には10ｍ程水深が増すらしく、木々の幹にははっきりとその痕跡が見られる。川の周囲はかなりの範囲で浸水林が出現するのだろう。今は乾季に入り川岸に堆積した泥と土砂、それに育った植物や木が昼夜を問わず川へ崩れ落ちる。夜1階のデッキで船員が1ｍもある大きな鯰を釣り上げた。体の側線に鈎状の鱗を持った獰猛なやつだ（写真3）。

（写真3）

翌朝上陸してジャングルウオークに出掛ける。船のスタッフの一人の自宅があるという農園では、焼畑で広げた土地にバナナ、パパイヤ、カカオなどが作られている。密林に入るとモルフォ蝶をはじめ種々の蝶が飛び交い、樹冠ではオニオオハシやスミレコンゴウインコがギャーギャーとけたたましい鳴き声を上げる。地面はぬかるんでいて蟻が多い。うっかり素手で木の幹を掴むと蟻に咬まれる。２㎞程歩いてやっと辿り着いた入江にはオオオニバスが花を付けていた（写真4）。午後は再び上陸してピラニア釣りに出掛ける。同じコースを辿り、ホテイアオイの群生する岸辺でまず水面を竿で叩いて音で魚を寄せてから牛肉の角切りを餌にして釣るのだ

（写真4）

が、撓りもしない太い枝で出来た釣り竿と親指の頭ほどもある大きすぎる釣り針では数匹の小さなピラニアしか釣れなかった。

船の食事の時間はスタッフがベルを振って船室を回る。２階の食堂でツアー仲間と同船していたボリビア観光局のアマゾンカワイルカを調査している若者３人と食事を摂る。食事は牛、豚、鶏と肉食が主だが、夕食によく冷えたビールを飲むのが楽しみだ。深夜、３階のデッキに出て見ると川岸にはホタルが光り、満天の星空にひときわ南十字星と蠍座が輝いていた。

翌日は乗馬に出掛けるグループと別れ、もう一人の男性とワインを持って小型ボートで釣りに出掛けたが、釣果はなく早々と本船に戻ってデッキから近くに泳いで来るアマゾンカワイルカ（ピンクイルカ）の群れを飽きずに観察する。体長1.5～２ｍの２～３頭が船から20ｍ～30ｍのところで波紋を作って呼吸する。茶褐色の川の水でピンク色の体の大部分がはっきり見えないのが残念だ。

船はマモレ川からイバレ川に入りトリニダに向かう途中で停泊する。夕方再びピラニア釣りに出掛けたが、ピラニアに交じって10㎝前後の様々な色や形の長い髭を持った鯰が釣れる。日本の熱帯魚店では珍しい種類に違いない。

翌朝、レイナ・デ・エニン号がトリニダの船着場に帰着した。3日間過ごした船に別れ、我々は早速空港に向かい3人乗りのセスナ機でアマゾン川源流域をなすトリニダの北に広がるモホス平原を上空から1時間30分程見学する（写真5）。現在では無数の湖と激しく蛇行する川、三日月湖とそれに繁茂する南米原産のホテイアオイの大群落しか見えないが、紀元前200～300年頃アマゾンにも古代文明が存在し、低地に丘（ロマ）と呼ばれる盛り土を作りそれを繋ぐ道路（テラプレン）や魚の養殖を行っていたらしい人造湖の跡が残っているという。着陸後、空港近くの「モホス博物館」で各地の丘（ロマ）から出土した土器、土偶、人骨などモホス文明の証となる遺物を見ることが出来た。

（写真5）

午後、トリニダ空港から1時間の飛行で再びサンタ・クルスの町に戻る。さあ明日はいよいよウユニ塩湖を目指してスクレに向かう。そろそろ気持ちを高地モードに切り替えなく

（写真6）

てはならない。期待を胸に、高山病対策の薬ダイアモックスを飲んで早めに就寝する。

翌朝、サンタ・クルス空港を9時15分に出発、飛行機は離陸後高度3000mに上昇するとそのままスクレ空港に着陸した。標高は2750m。急いだり階段を上るとすぐ息が切れる。持参したパルスオキシメーターで経皮的動脈血酸素飽和度（SpO_2）を測ってみると平地で98を示す私も90前後に低下していた。スクレは人口23万人程の坂の多い町で、16世紀に建てられたコロニアル様式の古い街並みが多く残り「建物は白く塗る」という町の条例もあってか白い美しい街並みが続いている（写真6）。スクレは現在でもボリビア多民族国家の憲法上の首都であるが、最高裁判所が残るだけで他の国家機関は1900年にラパスに移され、今ではラパスが事実上首都とされている。スペイン統治下の1545年、ポトシに銀山が発見されると標高が低く気候の良いスクレの町が行政上発展した。しかしながら長年過酷な労働を強いられてきた鉱山労働者などの不満から独立運動がついに実を結び、1825年2月9日スペインから独立宣言がなされた。国名は南米大陸5ヶ国を独立に導いた英雄シモン・ボリバルの名から、町の名は独立軍の将軍で後にボリビア初代大統領となったスクレから名付けられた。世界遺産に登録されている歴史のある町である。

我々がスクレに着いた時は丁度自動車レースの真最中で、街中のコースには熱中した多くの観衆が集まり、街はお祭りのような活気に溢れていた。レースは年1回スクレからラパスで行われ、今年はプロ選手も含む220台が参加したという大規模なものだ。

翌日は自動車レースの影響を避けるため早朝に出発し、高地順応を兼ねて日曜市の開かれる55km離れたタラブコの町（3200m）に向かう。我々の中型バスは山岳地帯を尾根伝いに走る。山地には殆ど樹木がなくスペイン統治時代に持ち込まれたユーカリの木が散見される。原野には高さ30cm～50cmの棘のある植物が多い。タラブコには独特の帽子と衣装を付けた近郊のインディオが集まり、町の広場で開かれる市場（メルカド）は活気に溢れている。ジャガイモやとうがらしを主とする農作物、穀物、果物、干肉、手作りの民芸品、衣類、電化製品など各種雑多なものが並んでいる（写真7）。インディオ同士で物々交換も行われていて要領の良いツアー仲間は持参しているボールペンをとうがらしや落花生と交換してもらっていた。市場で目についたのは、先進国で麻薬（コカイン）の原料として禁止されているコカの葉を売る店が多いことだ(写真8)。住民の需要が多いのだろう。

夕方、スクレの街へ戻った時には自動車レースもすっかり終わっていた。スクレは高度

（写真7）

（写真8）

が高いためか昼間は日射しが強く気温は15度程まで上昇するが、日没と共に急に冷え込むのでホテルではオイルヒーターを使用していた。

　翌日も早朝に出発し、ポトシまで165㎞の広大な高原地帯（アルティプラーノ）をひたすら走る。標高は3900mから4000m、気温は8度で今は収穫の終わった畑ではキヌア（粟に似た穀物）やジャガイモ、麦などが作られている。高原には樹木は殆どなく、所々にユーカリや松が数本ずつ生えているだけの単調な風景が続く。

　3時間程してやっと赤茶けた山々に囲まれたポトシの町が見えてきた。標高4090m

の坂の多い町に入ると植民地時代の面影が色濃く、バロック建築のカトリック教会が数多い。まず１５４７年に建てられたポトシで一番古いサン・フランシスコ教会を見学する。屋上からは１５４５年に銀の鉱脈が見つかった富の山（セロ・リコ）が真正面に見渡せる(写真9)。この山こそ財を求めたスペイン人が高地に耐えて定住した理由である。数多くのインディオに過酷な労働を強いたスペイン人の財宝への執念を感じさせる。屋上から降りる際は心拍数が上がり息がはずむ。足元に注意しながら降りたが多分O_2不足による症状だろう。ポトシは最盛期には人口20万人を超え、当時スペインで流通していた銀貨の殆どをポトシの国立造幣局で造っていたという歴史的世界遺産の町である。

（写真9）

中央市場を見た後、中型バスから4台の四輪駆動車に乗り換え、ウユニ塩湖の湖畔コルチャニ村まで２５０㎞を走る。さあ、いよいよウユニ塩湖だとポトシの街はずれまで来た時アクシデントが発生した。何と鉱山労働者が賃上げ要求のデモのため道路を封鎖する実力行使を行っているではないか(写真10)。迂回路も封鎖されているとの情報もあり、やむな

（写真10）

くポトシの町へ戻って喫茶店で成り行きを待つ。ボリビアの政治情勢は2009年インディオ出身のエボ・モラレス大統領が就任し国民の期待を集めたが、コカ葉栽培農家出身でコカ葉の生産削減を強制した米国に反発して現在最も強硬な反米国の一つになっている。世界有数の産油国であるベネズエラに比しても資源開発が遅れ、国民の30％しか正規の職業に就けない。多くの国民は暗市場が主な働き場所となって税金も納めていない。この現状から南米最貧国といわれ、知識人などの離反が進みデモやストライキが多発しているという。

4時間後、日没と共に封鎖が解かれ、ポトシを後にして夜の山路をコルチャニ村へ急ぐ。コルチャニ村の塩のホテル「クリスタル・サマーニャ」に到着した時は夜9時40分を過ぎていた。このホテルは全て塩のブロックで出来ているが寒いのでゆっくり見る時間もなく、遅い夕食を摂り生温かいシャワーを浴びてベッドに潜り込んだ（写真11）。

翌朝起床すると、昨夜室のオイルヒーターを入れておいたのだが、かなり寒い。玄関に出てみると気温は0度。2階からはウユニ塩湖が見渡せる立派なホテルだ（写真12）。ウユニ塩湖は標高3660m、面積は琵琶湖の17倍、新潟県より少し小さい程の広大なものだ。昔アンデス山脈が隆起した際に西アンデス山脈と東アンデス山脈の間に出来た海が干上がったもので、塩の埋蔵量は20億トン。世界中の人々に分けても4人に1トンずつ行き渡るという莫大な量である。さらに最近リチウム埋蔵量が世界の2分の1もあることが解り、日本の商社も参加して開発の準備が始まっているという。

（写真11）

（写真12）

午前、湖岸のコルチャニ村の塩の精製工場を見学。ウユニ塩湖の塩を採取する権利を持つこの村は1日1.5トンの塩を出荷しているというが、湖全体からみれば問題にならない量だ。いよいよウユ

（図2）

（写真13）

ニ塩湖の真ん中へ四輪駆動車で乗り入れる（図2）。湖は全く白の世界で虫も鳥も見かけず北方に雪を頂いたトゥヌパ火山5432mが遠望される（写真13）。塩の発掘現場では三角錐の塩を干す山が続き、水溜まりでは鏡のように見える（写真14、写真15）。塩湖の下には水があるようで、それが塩湖の表面に色々の模様を作り出している。五角形、六角形、大小の円盤状とその変化は湖の場所によって異なっているのが興味深い（写真16）。

午後、この塩湖の最初のホテルで現在は環境保全の問題から博物館になっているプラヤ・

ブランカを見学、塩原の中を一路インカ・ワシ島に向かう。塩湖には53もの島があるが観光客が上陸出来る唯一の島である。この島は海底が隆起した証拠に島全体がサンゴ礁の化石によって出来ており、後から生育した柱サボテンが島を覆っている（写真17）。柱サボテンは過酷な環境のため1年に1～3㎝しか成長しないという。島には管理人が常駐していてリャマの子が飼育されていた。昼食は塩原でパラソルを開いてピクニックランチを摂

（写真14）

（写真15）

（写真16）

（写真17）

（写真18）

る。

夕方、塩原を延々とトゥヌパ山の山麓まで走る。車が走ると砂ならぬ塩が巻き上げられ、塩塵が巻き上る。途中、若い仲間たちはウユニ塩湖は広すぎて遠近感がないためトリック写真を撮るのに夢中になり、ついに私も参加させられた（写真18）。晴天に恵まれ、終日ウユニ塩湖を充分楽しんで夕方ホテルに戻る。ホテルに戻った直後、ツアー仲間の女性が気分不良を訴える。SpO_2が68まで下っていたが酸素吸入で回復した。

翌朝は早朝6時に出発、２０１１年より開設されたウユニ空港発ラパス行きの便でウユニ塩湖を後にする。機上から見えた塩湖とトゥヌパ火山が朝焼けで輝いていた（写真19）。

（写真19）

最後の目的地を目指してラパスのエル・アルト空港に無事着陸する。この空港は４０８２ｍにある世界最高所の空港で、エンジンの始動困難や離陸等の機体の浮力不足など色々なリスクがあるらしい。

着陸後、バスはエル・アルト市を通ってティワナク遺跡に向かう。エル・アルトは標高４１５０ｍの世界で最も高い都市の１つであるが、平地部の少ないラパスの過密化に伴い急速に人口が増加している。しかしながら、都市計画の途中なのか道路は未舗装部が多く下水は流れるままで建築資材の山や用途不明の空地などの混沌とした地域が２㎞も続く。果してこの地域は何時になったら整備されるのだろうかと心配させられる。

72㎞程走ってティワナク遺跡に到着した。この遺跡は紀元前４００年頃より１１００年頃まで続いたとされるプレインカ時代の遺跡で世界遺産に登録されているが破壊が酷く、無理な復元がなされた問題もあるが、大きな丘と石壁に囲まれたピラミッドの跡がある（写真20）。貴重なのは高さ３ｍもある１枚岩の表面が鉄器のない時代に滑らかに加工された太陽の門（写真21）と半地下式構造の神殿の側壁に彫られた人々の顔である（写真22）。アンデス文明にはついに文字が現れなかったと言われ、これらの遺物は記録された資料がない限り永遠の謎として残るだろう。

夕刻、ラパスの中心部のムリリョ広場に寄ってからホテルに入る。ラパスの街は昔氷河に浸食された馬蹄形の土地（カール）に発達した町で、坂ばかりの街である（写真23）。

（写真20）

（写真21）

（写真22）

街の中心部は標高の低い擂り鉢の底の部分にあって富裕層が住み、低所得層は周囲の高い部分に住んでいる。幸い我々のホテルは中心部にあり今回の旅行で始めての五ツ星の立派なものだ。街にアルパカの織物を求めて出掛けたが、坂の上り下りと道路の横断に苦労する。夕食はフォルクローレ音楽の店で摂る。高山病予防のため控えていた4日ぶりのお酒が旨い。ボリビア特産のシンガニ（葡萄から造られた蒸留酒）をオレンジジュースで割った「ユンゲニート」やペルーのお酒「ピスコサワー」は甘いが口当たり良く美味しかった。

（写真23）

翌日、最後の観光地「太陽の島」に行くためチチカカ湖に向かう。チチカカ湖は３８９０ｍの高地にある気船が航行する世界最高所の淡水湖で、大きさは琵琶湖の12倍にあたる。60％がペルー領、40％がボリビア領である。例によってエル・アルト郊外の混乱を抜けて再び富士山頂より高い３９００ｍ級の高原をコパカバーナを目指して走る。この地方の高原でもキヌアやジャガイモ、ガーリー麦が収穫される。途中ティキーナという港で湖を渡る。この湖狭はわずか２００ｍ程の距離だが渡船関係者と地元住民の反対で架橋出来ないとい

（写真24）

（写真25）

う。バスと人は別々の船で渡るが、湖は波が高く、おまけに定員12名程の我々の船に地元住民も乗り込んで来て子供も含めると27名も乗った。船のバランスが崩れないかとハラハラさせられる。天気は良いのだが風が強い。

湖を渡って再びコパカバーナを目指す。やっとコパカバーナの街を過ぎて港からインカ帝国皇帝マンコ・カパックとその妹ママ・オクリョが降り立ったという伝説の「太陽の島」に向かおうとしたが、出航してすぐに波が高くて断念する。コパカバーナはチチカカ湖畔の美しい町である（写真24）。この町は以前からインカ帝国の宗教的な都市であったが、

16世紀にスペイン人がこの美しい町を聖地にするために立派なカテドラルを建て礼拝堂にはボリビアで最も古い祭壇が置かれている（写真25）。帰りの渡船が心配なため予定を早めて帰路に就く。港では安全のため大きなバス専用ボートを頼んで無事対岸に渡る。ラパスへの帰り路では家族でチュニオ（凍結乾燥させたジャガイモ）を作る風景が見られ（写真26）、周囲の雪を頂いた高峰が見渡せる高原に収穫したガーリー麦の麦藁を三角錐に積み上げた風景を見掛けた。何故か昔の日本の田園風景を思い出させ懐かしい想いに駆られる（写真27）。

（写真26）

（写真27）

夕刻、余裕を持ってラパスのホテルに戻る。ついに2週間に及ぶバラエティーに富んだボリビア横断の旅も終局を迎え、6月21日午前3時、ラパスのホテルを出発。エル・アルト空港6時25分発のアメリカン航空で帰国の途に就いた。
ボリビア多民族国家の現状はトイレ事情を始め社会基盤の整備が遅れており、まだまだ発展途上にある。南米最貧国と言われながらも豊かな大自然と未開発の資源を持ち、古くから純朴な国民の住む親日的なこの国の健全な発展を願わずにはいられなかった。

（２０１３・７・20 記）

ツアー名「アマゾン源流域クルーズとボリビア大横断 14日間」
２０１３・６・10出発　西遊旅行

幻の鳥ケツァールを求めて
——中米コスタリカ自然紀行——

幻の鳥ケツァールを求めて

―中米コスタリカ自然紀行―

１９９6年5月というともう18年程前になるが、私がマヤ文明とその遺跡探訪に嵌っていた頃、グアテマラ、ホンジュラス、コスタリカを訪れたことがある。そこには古代マヤやアステカにケツァール（カザリキヌバネドリ）という美しい鳥がいて農耕の神「ケツァルコアトル」の使いとして神聖視された鳥であることを知った。その羽毛を身に付ける事は王と聖職者など高貴な人にしか許されなかったという。ケツァールはメキシコ南部からパナマにかけて１３００m以上の山岳地帯の熱帯雲霧林のみに生息していて、グアテマラでは国鳥とされ通貨単位にもなっている。最近コスタリカでケツァールに出逢えるツアーが2、3企画されている。早速、私の旅行病が再発して「行かねばならぬ」と思い立った。そこでコスタリカ政府公認ナチュラルガイドの下村昌也氏が現地を案内してくれるツアーを選んで15日間のツアーに参加することにした。

中米というと北米と南米を繋ぐ地峡で地理的にはグアテマラ、ベリーズ、ホンジュラス、エルサルバドル、ニカラグア、コスタリカ、パナマの7ヶ国であるが、１８２3年に中米

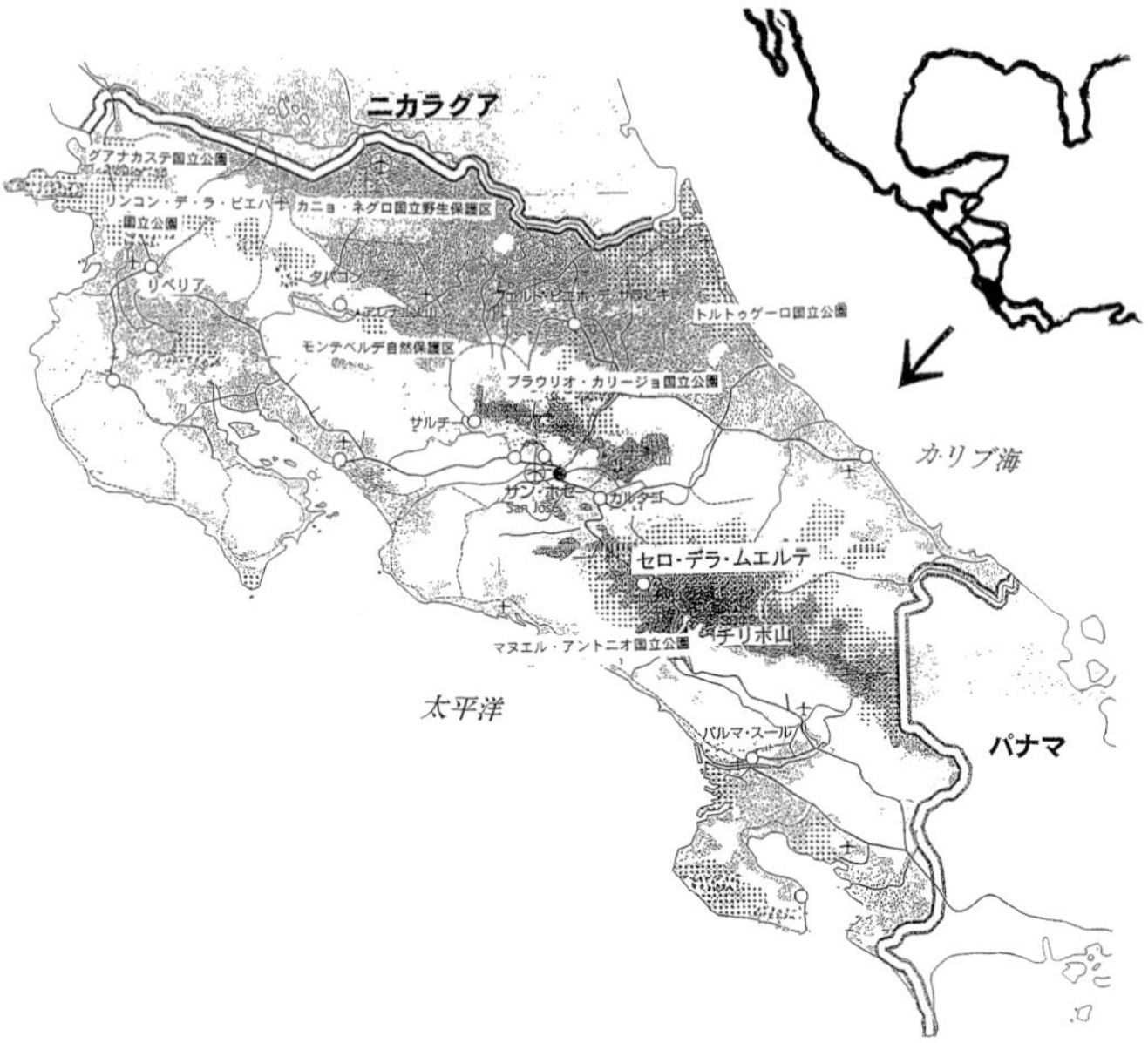

（図1）

連邦共和国を構成した歴史を持つベリーズ、パナマを除く5ヶ国を指す場合もある。コスタリカは国土の中央を北緯10度線が通っていてまさに熱帯である。面積は九州と四国を併せた程で人口467万人（2013年）という小国ながら世界の全生物の4％が生息し、鳥類・蝶・蘭に至っては何とその10％が確認されている。このような生物多様性を持つ自然を作り出している理由は幅130km程の狭い国土の両側を海に挟まれている事、国土の中央を背骨の様に山脈が斜めに縦断し東と西では環境が異なる事、地域差はあるがカリブ海側からの季節風により乾期・雨季がみられる事、地形的にそれまで離れていた北米大陸と南米大陸が地殻変動や火山活動によって繋がった事により両方からの生物が棲みついた事などによるという（図1）。

様々な期待を胸に2014年1月22日午後3時、デルタ航空でエコツーリズム発祥の地コスタリカに向けて成田を出発した、アトランタ経由で実質飛行時間16時間余りを費やして首都サンホセに到着したのは翌日の午後10時であった。今回のツアーメンバーは旅程が長いためか2組の御夫婦を含む男性5名、女性8名の13名。平均年齢は60歳代後半である。

翌朝6時起床。サンホセから昔の重要な運搬手段であった美しい飾りのある牛車（カレータ）を作っているサルチー村を見学し、モンテベルデ自然保護区へ向かう。モンテベルデは国立公園ではなく1951年に米国からクエーカー教徒が住みついたのに始まり、自然環境をそのまま保って森林を残した状態で民間団体に管理されている。道路は環境保全のため未舗装の砂利道で我々のバスは3時間余りかけて標高1300mまで登る。標高が上がるにつれ気温は20度程に下り頻繁に霧が立ち込める。熱帯雲霧林に入ってやっと目的のロッジ「エルボスケ」に到着した。午後は林間を金網で囲って種々の食草や樹木を植えたバタフライガーデンを見学。モルフォ蝶（青色の金属光沢のある蝶）や毒蝶が飼育されていて、昆虫マニアの誰もが憧れるヘラクレスオオカブトを始め世界最重量を誇るゾウカブト、巨大な毒グモのタランチュラ、6cmもあろうかという巨大なゴキブリ等の実物を見せ

（写真1）

（写真2）

てくれた。

ロッジの周辺には高さ30～40mの巨木が散在し、木々には多くの着生植物が付いている。終日風が強いが、巨木の中には着生した無花果科の植物に締め殺され中心部が空洞になってしまうものもある（写真1）。林の間で木の実を食べているアグーチ（体長50cm程の大型のネズミ）を見つけた（写真2）。ロッジの庭には赤色の時計草の花を始め各種の花が植えられている。幕末にシーボルトが愛したお滝さんを偲んで命名し欧州に紹介したという「てまり咲きの紫陽花（Hydrangea Otaksa）」が所々に繁茂して直径30cmもの白い花を付けているのが目を引き、遥か遠くまで来ているものだといささかの感傷にかられた。

ここの気候と環境が合うのだろう。

夕刻、ナチュラルガイド下村昌也氏によるコスタリカの動植物講座があり、コスタリカは国土の25％が国立公園か保護区になっていて、年々その割合が増加しているという。今後益々エコツーリズムが盛んになるであろうと思った。

その後「カエル博物館」を訪れる。大きな金網のケージに飼育されているアマガエル、矢毒ガエル、ヒキガエルなどを見るが、夜行性のものが多く暗くてあまりよく見えなかった。

翌朝7時過ぎからモンテベルデ自然保護区に入り、雲霧林の中をいよいよケツァールを探す。CENDERO（道）と書かれた道標に従って巨木の生い茂る深い森の幅1.5ｍ程のよく手入れされた道を声を潜めて歩くと、森の中は時々霧が立ち込めツグミ類の甲高い囀りのみが聞こえる。木の幹には蘭やシダ類、パイナップルの仲間であるブロメリア等の着生植物が付いていて、多い場合には70～80種に及ぶという。なかなかケツァールは見つからない。ふと足元を見るとハキリアリが噛み切った葉をせっせと運んでいる。すぐ1～2ｍ横に緑色の毒蛇を見つけてヒヤリとする。結局、蜘蛛の巣と苔で出来た直径5㎝程のハチドリの巣やアグーチを見ただけで入口へ戻る。ところが、意外にも入口付近で40ｍもある高い木の上につがいのケツァールが止まっているのを見つけた。距離があるのではっきり判らないがガイドの「バズーカ」（高倍率望遠鏡）で見ると体長35㎝程の赤、緑、黄、黒、白な

（写真3）

（写真4）

（写真5）

どの色鮮やかな羽根を持った美しい鳥が確認出来た。残念ながら鳥の顔がはっきりしない。ケツァールに未練を残しながら「ハミングバード・ギャラリー」へ向かう。ここでは糖蜜を入れた容器が木に釣り下げられていて、時折数種のハチドリが飛んで来て次々に蜜を吸って行く（写真3）。ハチドリの金属光沢を持った羽根とホバリングする姿が美しく、光の当たり方で色が様々に変化する（写真4・5）。

午後はモンテベルデの森の上に40～50ｍの高さで架けられた吊り橋を次々に渡りながら植物の観察をして歩く。大きな木性シダのヘゴの仲間やナマケモノの大好物の木であるセクロピア（写真６）などを見た。

（写真6）

翌日は朝食後モンテベルデを出てグアナカステ保全地域内のリンコン・デ・ラ・ビエハ国立公園に向かう。気温もずっと上がり26度程。車窓の風景は一変して熱帯乾燥林といわれる状態になり、広い草地には牛や羊が放牧されている。まばらに生える巨木はマンゴの木、パンの木、コスタリカの国の樹とされているグアナカステなどが見られる。この辺りは熱帯雨林、熱帯雲霧林、熱帯乾燥林がありコスタリカの生態系の70％が含まれるといわれる。１９９９年世界遺産に登録されている地域である。

ロッジに着くとすぐ公園内の自然観察に出掛ける。火山活動で出来た沼沢や泥を吹き上げる温泉、トゲの大きなアカシアに共生する蟻、林間を飛ぶモルフォ蝶を見かけた。今日のロッジは平屋建てで数部屋が連なった構造だが、中庭がありヤシの木やグアナカステなどの大きな木があって樹上にクロイグアナが居たり、時々コボウシインコなどが飛来するのでそれを眺めながら久しぶりにロッジの庭内でゆっくり過ごす。

ところでコスタリカの食事だが、まずはフルーツが旨い。この季節ではパイナップル、バナナ、パパイヤ、スイカなどが豊富に供される。この国では豆と米が主食なので朝食には必ずガジョ・ピントという日本の赤飯風のピラフが出される。豆はフリホーレスという日本の小豆に似た黒い豆で、米は長粒種でタイ米のようだ。これに香草のコリアンダーとタイムが入っている。これはマクドナルドなどのファーストフード店のメニューにも必ずあるというので国民的な食べ物なのであろう。一般に米と豆、又は鶏、牛などと野菜の炒め物が多いが、いずれもコリアンダーやタイムなどの香草を沢山使うので日本人には好き嫌いが分かれるようだ。私はコリアンダーが苦手なのでシリアルやトーストにフライドエッグ、ビールなどで栄養を摂っている。コスタリカ国産のビールはババリア、ピルゼン、インペリアルなどの銘柄があるが、断然ババリアが旨い。よく冷えた瓶ビールが冷えた肉厚のジョッキと共に出されるのが嬉しい。

今日はツアーの中休みも兼ねてコスタリカ最大の人造湖アレナル湖を巡った後、アレナル火山の麓のタバコン温泉に行く。タバコン温泉はアレナル火山から川に熱水が流れ出て川全体が温泉となって流れ出ている大規模なリゾート施設だ。日本から持参の水着で渓流の温泉に入ったがかなり流れが速く、所々に救命浮輪が設置されているのが面白かった。泉質は無色透明で普通の水のようであり、何だか熱い温水プールに入ったような気分であった。

翌朝、タバコン温泉を出発してニカラグアの国境に向かって車を走らせる。車窓には開墾された農地にサトウキビ、パイナップル、バナナ、パパイヤ、キャッサバ（ユカ芋）などが栽培されている。幹線道路の交叉する所でレストランに入ったところ、横の川に架けられた橋の上からグリーンイグアナが木の梢に群がっているのが見られた。雄のリーダーらしき個体が最上部にいて20～30匹が群がっている。雄は婚姻色のオレンジ色に変色していた（写真7）。カーニョ・ネグロ野生保護区の上流でボートに乗り込み川を下る。岸辺にはアメリカヘビウ、ミドリヤマセミ、レンカク、トキ、タイランチョウなどの多くの鳥類と水の上を走るといわれるトカゲ、グリーンバシリスクやカイマンが見られる（写真８）。川岸の大木の樹冠にはクモザル、ホエザル、ノドジロオマキザルなどが目撃されたが、面白かったのは岸辺の木の枝裏に

（写真7）

（写真8）

（写真9）

縦に整列したロングノーズバットの一群であった。天敵が来ると左右に揺れて蛇の姿に擬態して身を守るという（写真９）。

夕刻、サラピキのセルバベルデロッジに到着、ここはラ・セルバ生物保護区の熱帯研究所として設立されたもので立派な高床式のロッジだ。広い庭内のヘリコニアが美しい（写真10）。

早朝4時30分に起床してバードウオッチングに出掛け、敷地周囲を散策する。ナマケモノやホエザルの他、サンショクオオハシを始め多種類の鳥が観察出来た。朝食後矢毒ガエルといわれ、先住民が矢の先に毒を塗ったとされるカエルを宿泊しているロッジの近くで探す。矢毒ガエルは昼行性であるとの事でよく探すと、落葉の下から2cm程の通称ブルージーンズといわれるイチゴヤドクガエル（写真11）と3－4cmの派手な緑色模様のマダラヤドクガエル（写真12）を探し出すのに成功した。イチゴヤドクガエルは樹上に着生したブロメリア（写真13）の中心部に出来た水溜りにオタマジャクシを入れて育てるという。

食堂のベランダには朝と昼にバナナを与える鳥の餌台があり、色々の鳥が入れ替わりで現

（写真10）

（写真11）

（写真12）

れる。中でもムナフチュウハシ（写真14）と綺麗な空色のソラフウキンチョウ（写真15）が気に入った。夕方、ロッジの庭でアカメアマガエルを見つける（写真16）。夕食後、蟻と蛇などを避けるため長靴を借りてロッジ近くにナイトウォーキングに出掛ける。歩き出して間もなく太い枯木の高さ2m程の所に立派な7㎝もあるテナガカミキリ（Acrocinus longimanus）を見つけた（写真17）。このカミキリは派手な模様がイタリアのパントマイ

（写真13）

（写真14）

（写真15）

ムの道化師ハーレクインの衣装に似ていることから、よく似た姿をした甲虫の仲間を「ハーレクインビートル」と呼びその王様とされている人気の高い甲虫である。下村ガイドも初めて見たと喜びを隠さなかった。夜のロッジは虫の鳴声、カエルの声が響き、ジャングルの深さを感じさせる。朝6時過ぎサラピキを出発、トルトゥゲーロ国立公園に車を走らせる。途中バナナのプランテーション、パーム油をとるアブラヤシの畑、サラダ用の芽をとるパルミットの畑を過ぎてレストランで朝食を摂る。レストランの前の道路を挟んだ森のセクロピアの木でフタユビナマケモノを見つけた（写真18）。バスは川の船着場に到着、ボートに乗り換えてカリブ海側のトルトゥゲーロ国立公園のエバーグリーンロッジに到着した。トルトゥゲーロとは「カメの来る場所」という意味であるが、世界

（写真16）

（写真17）

（写真18）

（写真19）

中で8種類しかないウミガメのうちコスタリカではオサガメ、アオウミガメ、クロウミガメ、ヒメウミガメ、タイマイの5種類が生息し、このうちオサガメ、アオウミガメがトルトゥゲーロ村の近くの海岸で産卵する。ロッジで一休みした後、トルトゥゲーロ村やウミガメ博物館を見学した。ここではアオウミガメが7～10月に上陸し、1回100個程産卵する。産卵された卵は埋められた砂の温度が30度以下で雄になり、31度以上だと雌になるという。地球温暖化が進むと雌ばかりになるのではないかと心配される。夕方、カリブ海側の運河をボートクルーズする。ノドジロオマキザルがロッジの船着場近くに出没していた（写真19）。夜、ロッジの船着場の2階にあるバーで下村ガイドとワインを飲む。数日前から知っていたが彼は三重県明和町出身で関西弁でガイドしているし、私とはふた回り違いの寅年だからなぜか気が合うようだ。コスタリカは物価が高く日本並みで女性の社会進出、少子高齢化が進んでいることや最近はニカラグアなどから労働者が入って大都市やカリブ海側では治安が悪くなっているが、教育に力を入れている国であることなど話してくれた。

（写真20）

翌朝9時にエバーグリーンロッジを出発、昼過ぎにブラウリオ・カリージョ国立公園に到着。早速6人乗りのゴンドラに乗り熱帯雨林を樹冠部の高さから観察する。近くにニショクオオハシを見ることが出来た（写真20）。夕方サンホセに向かって出発、久しぶりに標高1150mの盆地にある首都に戻る。

いよいよ明日は最後にケツァールに出逢える可能性のあるセロ・デラ・ムエルテだ。

早朝5時にホテルを出発、セロ・デラ・ムエルテ（死の山）に向かう。昔はこの山を越えるのに死者が出たのであろう。標高が2500m程まで上がると次第に霧がかかり文字通りの雲霧林の中を小型車に乗り換えてケツァールの森に辿り着く。私語は禁止、黙々と雨や霧で湿った小山を登ると遂にリトルアボカドの実（写真21）を食べに来ているケツァールを発見した（写真22）。ケツァールは前方30m程離れた大きな樹の枝影に止まって、距離があるのと暗いので鳥の細部がはっきり解らない。チャンスは一度しかない、撮らせてくれと必死に祈りながら連写する。山の斜面に足をとられながら少しずつ位置を変えて鳥が

（写真21）

（写真22）

飛び立つまでシャッターを押し続けた。やがてケツァールは胸の赤色を見せながら優雅に飛び去っていった。

森の帰りはパライソ・ケツァール（ケツァール天国）と名が付けられている山小屋で美味しいコスタリカ産のコーヒーを飲む。コスタリカの豆はアラビカ種で気候が合うため品質が良く、スターバックスなどに納入されているという。セロ・デラ・ムエルテの帰途、旧都カルタゴに立ち寄り、黒いマリアを祀るロス・アンヘレス大聖堂と植物収集家の英人によって寄贈されたランケステル植物園を訪れた後、ホテルに戻った。

（写真23）

今日の午前中はサンホセ市内の観光ということでホテルから徒歩で文化広場、国立劇場に行く。国立劇場は１８９７年にパリのオペラ座を模して造られ、当時の工費で25億円もかけた立派なもので現在でもバレーやコンサートに使用されているコスタリカ人自慢の建物だ。次いで国立博物館では種々の考古・歴史資料の他、中庭に置かれた謎に満ちた石球を見る（写真23）。18年前の訪問時にも興味を惹かれたが、最近レーザー光線で測定したところ真球率は97％近いことが解明され

（写真24）

たという。石球は花崗岩を加工して作られていて、１９３０年頃コスタリカ南部のパルマ・スール村で発見された。大きいものは直径２ｍ以上もあり、紀元３００年から８００年頃までの間に作られたと言われる。コスタリカ南部で栄えたディキス石器時代のものであろうと言われているが、製造技術・用途を含めてはっきりしたことは解っていない不思議な石だ。午後この国で最も人気のある海岸のリゾートであるマヌエル・アントニオ国立公園に向かう。途中タルコレス川の橋の上から川の中州に群れるクロコダイルを見る。道の途中、コンゴウインコの群が飛んでいるのを発見、車を止めて皆が夢中で観察した。午後４時に早くもマヌエル・アントニオのホテルに到着した。

マヌエル・アントニオは熱い。熱帯特有の日差しが強く気温も30度近くまで上って少し動くだけで全身に汗が吹き出る。夕食に飲むビール「ババリア」が益々旨い。

翌朝マヌエル・アントニオ国立公園内のトレッキングコースに出かける。ノドジロオマキザル、アライグマ、ナマケモノ、クロイグアナ、モルフォ蝶、ヤドカリ等が見られたが目的のケツァールを見た後なので緊張感がとれて物見遊山的な気分である。

午後2時大型船で太平洋のサンセントクルーズに出かける。海岸の岩場にカッショクペリカンや赤い喉袋を膨らませた雄のアメリカグンカンドリ(写真24)が見られた。船でサービスされるアルコール飲料で疲れを取る。

ツアー最後の夜はホテルの前に広がった椰子の木が茂る海岸で下村ガイドと遅くまでビールを酌み交わした。

翌朝、サンホセを発って帰途につく。海あり、山あり、温泉あり、熱帯雨林、雲霧林、乾燥林あり、生物多様性を育む理想的な環境を備えたコスタリカはエコツーリズム発祥の地だけあって我々に自然の持つ素晴らしい魅力と心を癒やすおおらかさを感じさせてくれるのに充分な国であった。


(2014・2・17　記)

ツアー名「コスタリカ物語　15日間」
2014・1・22出発　ユーラシア旅行

ジャカランダの花見

ジャカランダの花見

日本の花見の起源は、奈良時代に遡ると言われている。

もっとも奈良時代は「花」と言えば梅の花を指していたから花見は梅花を見て楽しんだものらしい。

10世紀初めから梅に替って桜に人気が移り、「花」の別称は桜となって盛んに歌にも詠まれた。西行法師（１１１８－１１９０）や本居宣長（１７３０－１８０１）の歌や秀吉が行った醍醐の花見（１５９８）などが有名であるが、いずれも対象はヤマザクラであった。

江戸末期になって染井村（現在の巣鴨、駒込から王子にかけた地域）の植木商がエドヒガン系の桜とオオシマザクラを交配して新品種を開発しソメイヨシノと名付けたところ大人気となり、挿し木で増やされて爆発的に日本全国に広まったと言われている。

今、日本は晩秋を迎えようとしているが南半球は春、南アフリカなどではジャカランダの花が咲き誇る季節だ。今まで中南米やアフリカなどで色鮮やかな花に数々出会ったが、中でも特に濃い紫色の花を付けるジャカランダに不思議な魅力を感じて一度は満開の季節に花見に行こうと機会を待っていた。御存知の方も多いと思うが、ジャカランダは中南米原産の紫色の花が美しい落葉高木で、ノウゼンカズラ科、キリモドキ属に分類され、日本では耐寒性に問題があるため宮崎県日南市に１０００本程育てられている他、国内では数ヶ所しか見られない。

ジャカランダで有名なのは南アフリカ最大の都市ヨハネスブルグの近くにある南アフリカ共和国の行政府の置かれているプレトリアである(図１)。ジャカランダ・シティと言われるだけあって7万本の木が街路などに植えられ、今の季節は満開のはずだ。このチャンスを逃してはならない。「行かねばならぬ」と決心して２０１５年10月21日夕刻、ＳＡ（南アフリカ航空）７１３９便で香港経由ヨハネスブルグに向かって成田空港を出発した。

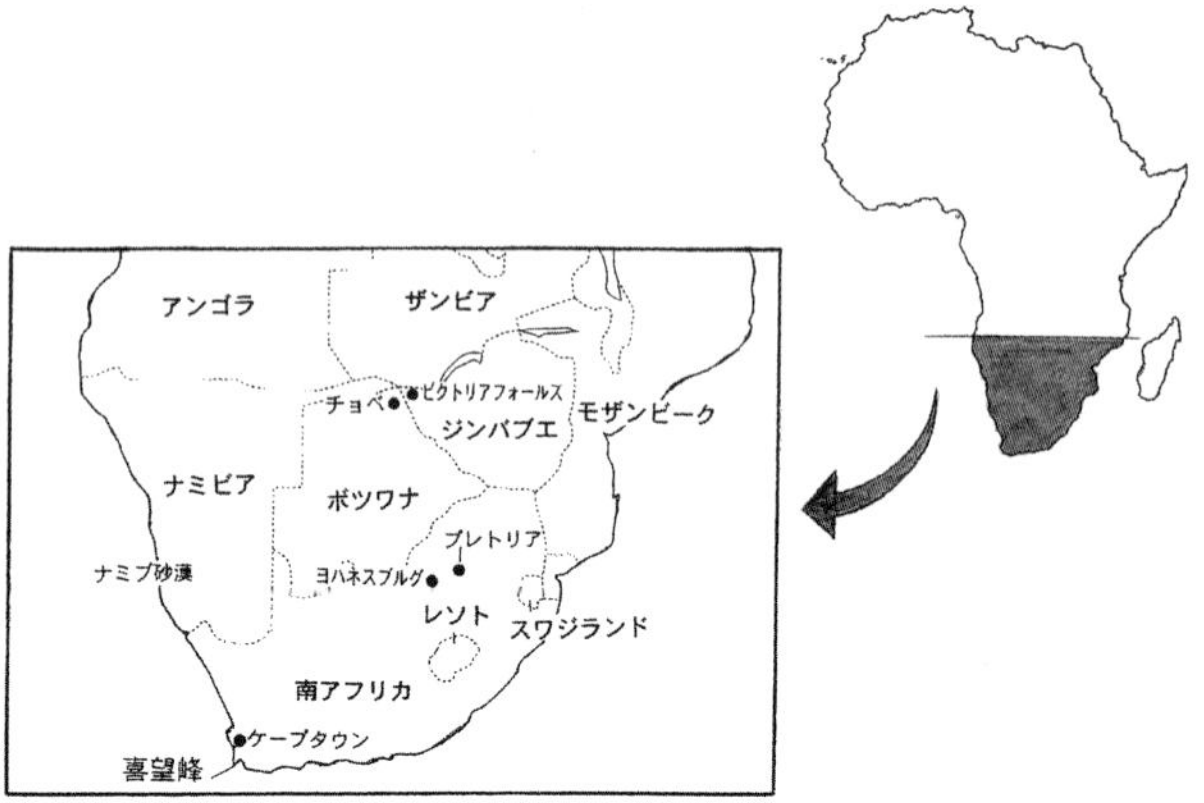

（図1）

翌日、飛行時間正味約17時間をかけてヨハネスブルグ国際空港に到着した。プレトリアに向かい、まずは郊外の丘の上に建つ歴史上も南アフリカで最も有名な記念碑である「フォールトレッカー開拓者記念堂」を訪ねる（写真1）。地下1階、地上3階の立派な建造物でボーア人（農民の意）と呼ばれるオランダ人入植者が、1652年にこの国に移住してから2度のボーア戦争などを経てアフリカーナとして定着するまでの苦難の歴史が刻み込まれている。アフリカーンス語で「我が命は南アフリカのためにあり」と書かれた碑文は、この土地にかけた開拓者の執念を感じさせる。現在でも記念日には毎年多くのアフリカーナの家族が全国から集まるという。

（写真1）

街に入ると1888年にボーア人の農夫が初めてリオ・デ・ジャネイロから輸入した2本のジャカランダが今でも小学校の校内に残っている。100年以上経ったこのファースト・ジャカランダは高さ15m程の大木に成長して美しい花を咲かせていた。街路樹のジャカランダの花は紫色と言っても一色ではなく濃い紫色から薄紫色、更には白色のものまであり、木によって1本毎に花の色や盛りの時期も少しずつ異なるようだ（写真2）。

翌朝、ヨハネスブルグの空港より南アフリカ発祥の地ケープタウンへ飛ぶ。ケープタウンは美しい港街で、風が強く天候が変わりやすい点で南米大陸の最南端ウシュアイアの街とよく似ている。今日は絶好の晴天に恵まれてテーブル・マウンテンもくっきり見える。早速スイス製の50人程も乗れる大型ケーブルカーで海抜1087mの頂上に向かう（写真3）。頂上からの眺望は素晴らしく、ネルソン・マンデラ氏も収容されていた刑務所の島、ロベン島やケープ・ポイントまで見渡せ、ケープハイラックス（写真4）、バブーン（ヒヒ）などの小動物にも出会った。その後、喜望峰自然保護区内でテーブル・マウンテンの山麓

（写真2）

（写真3）

に広がるカーステンボッシュ植物園に立ち寄る。よく整備されていてピンクッション（写真5）やゴクラクチョウカなどの南アフリカ大陸原産の植物が2200種も植えられていたが、圧巻は何といっても南アフリカ共和国の国花とされているキングプロティアの花で直径20㎝を超える大型のものだ（写真6）。

夕食は港の周囲に開発されたウォーターフロントと呼ばれる商業地区で摂る。今回の旅

（写真4）

（写真5）

（写真6）

行の食事は美味いものには出会えないが、唯一の救いは南アフリカ産のワインはステレンボッシュ地域を始めとして品質が良く「キャッスル」という銘柄のビールと白ワインが毎食の楽しみである。

（写真7）

（写真8）

翌日は喜望峰自然保護区をドライブしながら喜望峰に向かう。１４８８年ポルトガル人バルトロメウ・ディアスによって発見され、１４９７年にバスコ・ダ・ガマが大西洋からインド洋への航海で上陸した岬で、アフリカ大陸最南西端である標識がある地点は世界各国からの観光客で賑わっていた（写真７）。更に岬の先端のケープ・ポイントに向かう。途中の道はケーブルカーが整備され売店も立派になっていたが、先端の岩峰の姿は変わりなく右から大西洋、左からインド洋がぶつかり合い、いかにもアフリカ大陸の南西端、地の果てに来たのだと実感させられる（写真8）。実は1995年5月にケープタウンとビクトリアフォールズに来たことがあるが、20年の年月を経て観光地は整備され便利になっているものの辺境の持つ野性味が失われた感は否めない。

次いでケープペンギンが生息する美しい砂浜の海岸ボルダーズ・ビーチを訪ねる。立派な木道が出来ていたが、残念ながらペンギンには近づけない。ビーチに向かう道には手作りした木彫りの動物や木目の美しい皿などを売る店が並んでいて興味深い。明日のスケジュールを考えて早めにホテルに戻るとホテルのバーが満員になり、白人の巨漢ばかりが集まってビール片手にワールドカップラグビーの南アフリカ対ニュージーランドの準決勝戦に大声援を送っていた。

翌朝はなんと午前3時30分にモーニングコールが入り、早朝の便でケープタウンからヨハネスブルグ経由リビングストン空港（ザンビア）に到着した。早速ザンビア共和国とジンバブエ共和国のビザを取得して車で国境検問所を経てジンバブエに入国する。目的は1855年にイギリス人探検家リビングストンが発見し、当時のイギリス女王の名を付けたビクトリアフォールズの観光である。悠然と流れて来たザンベジ川が突然地球の裂け目のような深い渓谷に落ち込んでいる。乾期なので水量はあまり多くはないが落差108m、

（写真9）

（写真10）

幅１７００ｍとザンビアとジンバブエ両国に跨ったスケールの大きさに圧倒される（写真9）。

夕刻、ザンベジ川に舟を出してアフリカ大陸４番目の長さを誇る雄大な流れと夕陽の美しさを満喫した（写真10）。夕食は街の中のアフリカ料理のレストランでアフリカン・バーベキューを摂る。ゲームミートとしてトピ、グレータークーズー、ワニ、ホロホロ鳥など野生動物の肉を食する。珍しいけれどあまり美味しいものはなかったが、薄暗い照明に浮かび上がる民族ダンスでは黒光りした肌、筋肉の盛り上がった手足が黒人独特の太鼓のリズムに合せて激しく躍動して息を呑む迫力であった。

翌朝、ジンバブエを出国してボツワナに入国し南部アフリカで人気のあるチョベ国立公園に向かう。気温は35度、チョベ川に沿ってのドライブ・サファリでは、岸辺や中洲でゾウ、キリン、バッファロー、カバ、トピ、グレータークードゥ、ウォーターバック、セーブルアンテロープ、イボイノシシ、インパラ、ナイルワニなどを見かけたが、中洲が大きくなって出来た広大な地域には、乾期になると近辺から水を求めて7〜8万頭のゾウが集まってくるという（写真11）。

（写真11）

（写真12）

午後は舟を出してチョベリ川のリバークルーズを楽しむ。川岸ではナイルワニの母親が産卵したと思われる砂地から離れず守っているのが見られた。ボツワナ

（写真13）

から再びジンバブエに戻り、ビクトリアフォールズ近くで美しく咲いたホウオウボクの花に出合った（写真12）。樹齢1000年以上と思われる巨大なアフリカ・バオバブの木を訪ねる。昔からここの土地に根付いた神様のような存在感を漂わせていた（写真13）。今夜は満月で、運が良ければ月の光が滝を照らして水煙にルナ・レインボーが出現する可能性が高いとの情報でホテルに戻って一休みしてから再びビクトリアフォールズに向かう。皓皓と輝く月光の下で、確かに滝の水煙に月光の虹が薄く懸かって神秘的な光景を見せていた。

翌朝は旅程最終の日、ジンバブエを出国してザンビアに入り、ビクトリアフォールズをザンビア側から見る。水量が少ないので硬い玄武岩層で出来た滝の壁面の構造がよく分かる。1904年に作られたビクトリア大橋の中央部からは人々がバンジージャンプを楽しんでいた。

ついに8日間の旅も終わり、久しぶりに訪れたアフリカ大陸の魅力に後ろ髪を引かれる思いでリビングストン空港13時発のSA49便でアフリカを後にした。

今回の旅は満開のジャカランダの街路樹を見るのが主な目的で南アフリカを訪ねた。この旅でアフリカの人々に「花を愛でる」という風情は感じなかったが、野生的で荒削りなアフリカの大自然の魅力はまだまだ捨て難いものだと再認識させられた。

（２０１５・11・20　記）

ツアー名「南部アフリカ・スペシャル　～４ヶ国大周遊～　８日間」

２０１５・10・21出発　ユーラシア旅行

パンタナールにジャガーを求めて

パンタナールにジャガーを求めて

パンタナールは南米大陸中央に位置し、ブラジル、ボリビア、パラグアイの3ヶ国の国境に跨って広がる世界最大と言われる湿原である。その名称はポルトガル語で湿地を表すパンタノ（pantano）「大湿原」に由来する。面積はおおよそ日本の本州とほぼ同じという広大なものだ。パンタナールはアンデス山脈とブラジル高原の間に形成された緩やかな勾配を持つ北高南低の盆地状の低平地である。標高約80～150mの周囲の山地に水源を持つ大小の河川はパンタナール湿原を通過してパラグアイ川に流れ込み、南下して遂には大河ラプラタ川になり大西洋に注いでいる。この湿原は乾期（5～9月）に比べ雨期（12～3月）には2m以上も水位が上昇し、毎年河川が氾濫して湿原の80%が水没する。浸水しない土地の90%以上は広大な私有地で大規模な牧場が開発され、インド原産のコブ牛である白色のネロール種が多数放牧されている。農地にならない低地は森林や灌木混じりの草地（セラード）になって、段階的に三日月湖や蛇行する川まで続く果てしない湿原になっている。湿原の魅力は他に類を見ない程豊富な生物相が見られる事だ。この豊かな自然を守るため2000年には「パンタナール自然保護地域」として世界自然遺産に登録されて

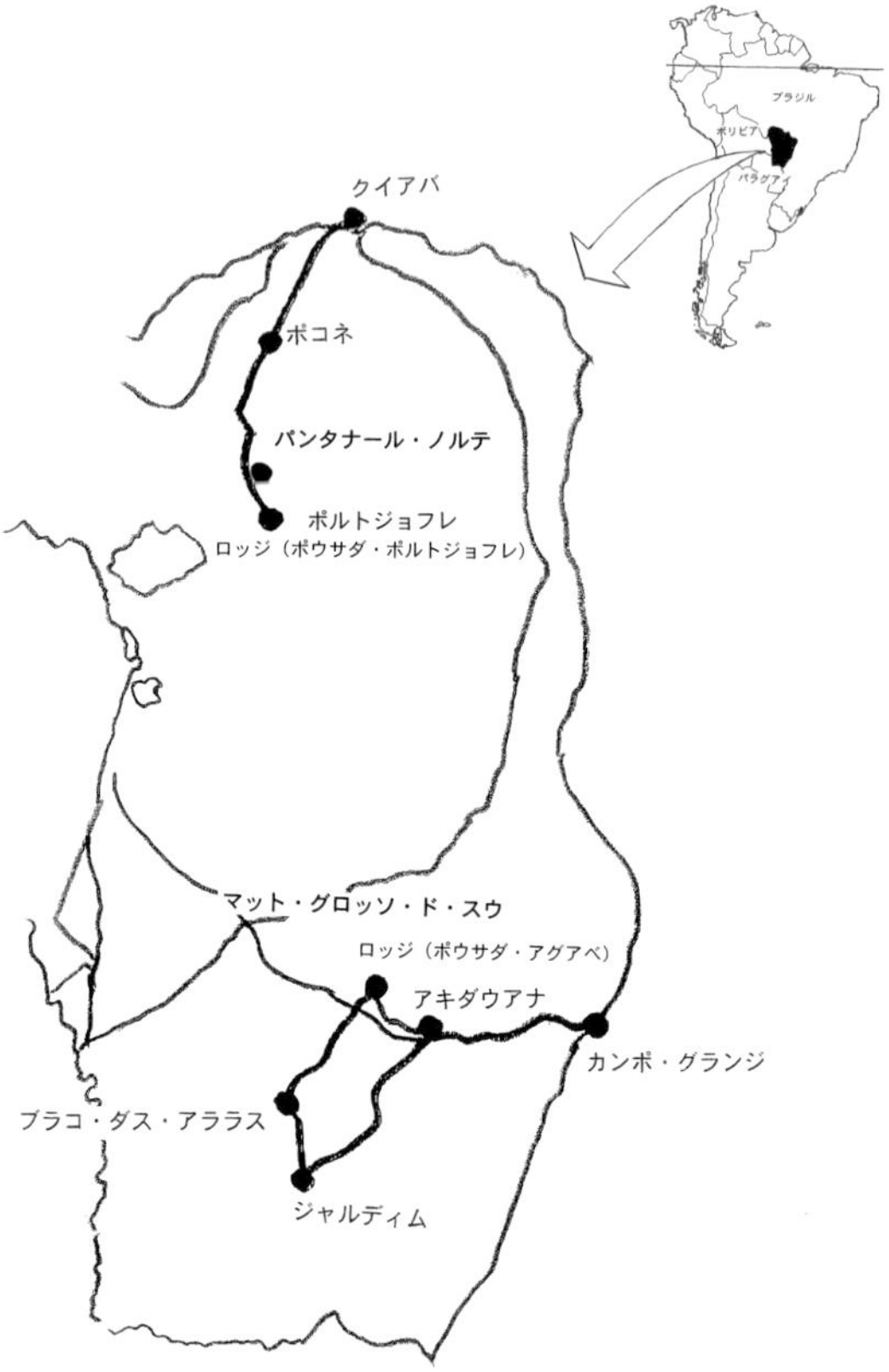

（図1）

いる。ズグロハゲコウ、スミレコンゴウインコ、オニオオハシなど多彩な鳥やオオアリクイ、アメリカバク、アルマジロなどの珍しい哺乳類、とりわけ南北アメリカ大陸においてネコ科最大の肉食獣として生態系の頂点に立つジャガーが北パンタナールの川岸で最近かなりの確率で観察出来るという情報を得た。この機会を逃してはならない「行かねばならぬ」と自分の年齢も顧みず、南米大陸のど真ん中にあるパンタナール湿原を訪ねる15日間のツアーに参加する事にした（図1）。

今回は目的を動物観察と写真撮影に特化したというのが謳い文句の8名限定の「ワイルドツアー」である。最近は２００9年より米国が電子渡航認証システム（ＥＳＴＡ）を制定し、入国はもとより経由する旅行者にも事前登録を義務付けて空港の審査も厳重になり時間がかかる事から、南米や南半球に向かう旅行はアラブ首長国連邦（ＵＡＥ）のエミレーツ航空、カタール航空などの中東の航空会社の人気が高い。

そのような訳で我々は２０１7年9月13日深夜、カタール航空でドーハを経由してサンパウロへ向かった。都合の悪い事に今年の6月よりイランとサウジアラビア両国の政治的対立からサウジアラビアなどの国々がカタールと国交断絶状態にある。我々の飛行機はドーハ出発後サウジアラビア上空を避けて南に迂回する航路を取り、サンパウロまでは通常より2時間程余分な時間を費やして9月14日午後5時20分に到着した。正味飛行時間は実に27時間30分であった。今回のメンバーは82歳の男性を筆頭に男性３人、女性5人、殆どが60歳以上の世界各地を経験した強者ばかりである。

翌朝サンパウロから北西おおよそ１３００㎞にあるクイアバまで国内線で飛び約2時間で到着する。クイアバはマットグロッソ州（ポルトガル語で「深い森」の意）の州都で人口約60万、北パンタナールの入口の都市で、そこから南に１００㎞のポコネという町からパンタナール縦断道路が更に南の北パンタナール観光の拠点であるポルトジョフレまで

155km続いている。

（写真1）

（写真2）

早速クイアバを車で出発、ポコネを過ぎパンタナール縦断道路のゲート（写真1）を潜ると道端でズグロハゲコウが歓迎してくれた（写真2）。この鳥は体長1.4m、翼長2.6mもあり首の付根が赤い。パンタナールのシンボルとされる鳥だ。車は未舗装道路を烈しく埃を巻き上げながらひたすら南へ走る。周囲は広大な草地でよく見ると所々大半の葉が枯れた日本で見るものよりも草丈が高い「ホテイアオイ」が密生している。大小様々な水溜りがあり、多くの魚が閉じ込められている様子だ。この魚を狙ってコサギ、ダイサギ、ナンベイアオサギなどの水禽が集まり、大きな水溜りにはパラグアイ・カイマンも来ている。道路は川や池を頻繁に渡るが橋は木製で欄干も無く、轍の通る所は頑丈な板が3枚ずつ並べてあるだけだ。乾期の今は水が少ないので、車は出来るだけ橋を避けて横を迂回して走る。

夕刻、目指すポルトジョフレの途中のロッジに到着。夜、ロッジの周辺をサファリドライブしてアメリカバク、キツネ、オオアリクイなどに出会ったが、照明の光が暗く埃もひどいので、写真にはならなかった。

（写真3）

（写真4）

翌日はロッジ周辺を散策する。所々に大樹が立つ果てしない草原が広がっている。地面をよく見るとタニシに似た貝やカタツムリの仲間の陸貝の貝殻に混じって干からびた蟹の殻が散乱していて、雨期にはこの一帯が水没する事が想像される。

大きな水溜りの岸辺には2m

（写真5）

にも及ぶパラグアイ・カイマン（写真3）が群れていて、カピバラも散見される（写真4）。カピバラは体長1.3ｍに達するげっ歯類で、水辺を好んで棲んでいるモルモットの仲間だ。野原ではレアがゆっくり歩いて餌を探している（写真5）。この鳥は一夫多妻で群の第一位の雌が同じ巣で孵化した他の雌の雛も一緒に連れていて、その数は40羽に及ぶ事もあるという。

翌朝、3時間かけてパンタナール縦断道路を更に南に走り、正午前に遂にポルトジョフレのロッジ「ポウサダ・ポルトジョフレ」に到着、ここに4連泊してジャガーを探す事になる。このジャガー観察ツアーは世界で唯一野生のジャガーが見られるポルトジョフレ付近で米人が２００８年頃から始めたもので、日本では初めての催行である。この地方のロッジは何処も15棟程度の規模で1室6坪程、シャワーとトイレが付いていて、夏季には欧米で人気が高く予約が取り難いらしい。

早速ロッジ前のクイアバ川にボートを出す。ボートは殆どがアルミ製の船体にヤマハのエンジンを付けた6～10人乗りのモーターボートで、ガイドを乗せて全速力で上流に向かう。ロッジの前は川幅が200~300m程もあるが、ジャガーの生息する地域まで24km程遡らなくてはならない。川の途中、時折魚釣りのボートと出会う。釣客はピンタード（ナマズの一種）やドラド（金色の魚）を狙っているらしい。途中オオカワウソが魚を狩っているのに出会う。オオカワウソは乱獲されて数を減らし、危急種に指定されるほど出会う機会が減っているという（写真6）。川幅は徐々に狭くなり、クビワヤマセミ（写真7）

（写真6）

（写真7）

（写真8）

（写真9）

（写真10）

やミドリヤマセミ（写真8）などの美しい鳥が岸辺の枝に留まって魚を狙っている。ボートはスピードを落とし、目を凝らしてジャガーを探す。船頭は時々仲間のボートと無線で連絡を取って情報を交換している。突然ボートがUターンして全速力で別の支流に向かい現場に到着すると、既に数隻のボートが順に岸辺を流しながら乗客が一斉に一点を凝視している。よく見ると、体長2m程もあるジャガーが河岸をゆっくり歩いている。船頭は錨や櫂を使って巧みに流れに逆らい、互いに交代しながらジャガーの動きを予想して次に見やすくなる岸辺に船を寄せる。ジャガーは今が乾期でカイマンなどが獲り易く肥えている。アフリカなどのヒョウに比して胴長で四肢が短いような印象を受けるが独特の梅花斑状の模様が美しく頑丈な体型でいかにも北・中米大陸最大の肉食獣として生態系の頂点に君臨し、古代マヤ時代から『神』として崇められて来た威厳と風格が感じられた（写真9・10）。初日からジャガーを見る事が出来た幸運を感じながら午後6時頃、暗くなって来た川面を全速力でロッジに戻る。

次の日から3日間は朝5時前にロッジの庭で鳴くシャクケイのけたたましい声で目覚め、朝食を済ませると朝8時に船を出す。毎朝ロッジ周辺は枯草の焼ける匂いが漂っている。北パンタナールの乾期は山火事や野火が頻発するらしい。昼、11時過ぎに一旦帰港し午後は再び2時に出港する。朝の気温は22度程で川の風を受けると少し寒い位だが、午後は急に気温が上がり35度にも達する。直射日光が強く、川面からの湿気で全身の汗腺から汗が吹き出て来る感じでペットボトルの水を飲みながら脱水症と闘う。ジャガーは深い木陰で横たわって動かなかったり、岸辺から遠い場所に居たりする。ボートは網目状をなす支流を巧みに使って回り込み接近を試みるが、うまくいかない時も多い。

最終日の夕刻は目前の岸辺にジャガーが居るが凹地に寝そべって猫のように腹を上にした無防備な姿勢を取ったまま動かない、一時はボートが20隻近くも集まったが、皆私語は勿論、咳払いもしない。緊張した空気が1時間程も続き薄暗くなりかけた頃、突然立ち上っ

（写真11）

て凹地の横の崖に駆け登り、全身を見せてくれた（写真11）。結局、4日間7回の機会に6回もジャガーに出会う事が出来たのはかなりの幸運に恵まれたと言わなくてはならない。

翌日朝、再びパンタナール縦断道路をクイアバに戻り、昼食は街のシュハスカリア（ブラジル風焼肉屋）でシュハスコを食べる。シュハスコはラグビーボール大の肉の塊に岩塩をまぶせて串に刺して焼き上げたもので、店員が牛の数種類の部位を順に持って来て、希望すると好きなだけナイフで削ぎ落としてくれる。肉はクッピンと呼ばれる牛のコブの部分が一番美味しかった。最後に焼きパイナップルで締め括る食べ放題のコースが定番のようだ。よく冷えたブラジル産の地ビールが美味い。夜、クイアバからカンポ・グランジまで飛んで深夜にホテルに入る。

次の日は南パンタナールの草原をジャルディムの街へ走り、郊外のブラコ・ダス・アララス（インコの穴）を訪ねる。ここは牧場の一部の砂岩層が陥没して直径160m、深さ100m程のほぼ円形の穴になった場所で、底は7mもの水を湛えている。この穴にはベニコンゴウインコ19組のつがいを含めて全部で40羽程が生息している（写真12）。周囲の林には美しい鳥が数多く飛来して来るバードウォッチャーにとって魅力的な環境である。

翌朝もこのブラコ・ダス・アラスでバードウォッチングし、湧水があり透明度の高い美しいプラタ川でシュノーケルやボート遊びをした。その後、ジャルディムから１３０kmのアキダウアナまで未舗装道路を突っ走り、やっと南パンタナールの典型的な牧場が経営するロッジ「ポウサダ・アグアベ」に到着した。この辺りは北パンタナールに比して標高が少し高いため浸水の影響は少なく、広大な草地が牧場として整備されて自家用セスナ機を持っている大きな牧場も多い。パンタナールでは１９９０年代以降豊かな生物多様性を利用したエコツーリズムが発展し、エコロッジなどの建設とエコツアーが行われるようになった。国の内外から観光客がこの湿原を訪れるようになったが、大半

（写真12）

（写真13）

（写真14）

（写真15）

は魚釣り客であるという。ロッジは3～4室の棟が数棟あり、庭をレア、牛などが横切っていったり、体長50cm程のムツオビアルマジロが土を掘り返して餌を探している（写真13）。庭のマンゴーの大木やヤシの木にはオニオオハシや種々のインコ類が甲高いけたたましい声を上げて飛来する。オニオオハシは体長55～65cmもあり果実や昆虫を主食にするが、時には他の鳥の卵も食べる悪者だが南米では大きな黄色い嘴から「フライングバナナ」の愛称で親しまれているブラジルの国鳥である（写真14）。夜、近くの牧場にオセロット（美しい大型の猫科の動物）を見に行くが遂に姿を見せなかった。

翌朝、ロッジから歩いて隣の牧場の草地へオオアリクイを探しに行く。2km程歩いた頃、急にガイドが静かにするように促し、指差す方向を見ると、大きさ1mを超えるオオアリクイが長い鉤爪で土を掘り蟻を食べながらゆっくり歩いていた（写真15）。長い鉤爪は蟻の巣を壊すのには便利だが歩く時は掌を丸めて手背で歩いている。更に牧草地を進むと大きな樹の空洞にスミレコンゴウインコが巣作りしているのに出会った（写真16）。このインコは大型で紺色の羽が美しいが、最近数が減り危急種になっている。午後は車で周辺の牧場を鳥や動物を求めてドライブする。この辺りの牧場の境界は2〜3m間隔で木の杭を打ち、3〜4本張った針金に弱い電流を流している。馬や羊も放牧されているが主なものは白いネロール種と呼ばれる牛である（写真17）。何度も境界の扉を通過し

（写真16）

（写真17）

ながらドライブすると、大きな水溜りにはカピバラやパラグアイ・カイマンが棲んでいて、カイマンは車に近寄ってくる。ズグロハゲコウも何度も車を追って飛んで来て何かをねだっているように見えた。遠くにはクビワペッカリー（野豚）がいるが近付けない。牧柵に留まっているアナホリフクロウを見つけた。この鳥は珍しく昼行性で体長20cm余り、他の動物の掘った穴に巣を作る。巣が近いのか我々の車を警戒して飛立つが、すぐ元の位置に戻って来た（写真18）。

（写真18）

最後の日の朝、ロッジ横のアキダウアナ川をクルーズする。多くのボートが出て欧米の客が釣りを楽しんでいた。午後ロッジを後にして3時間程でカンポ・クランジの空港に到着し国内線で出発、9月26日午前3時にサンパウロ空港から成田に向かう。帰路は大西洋を横断しモロッコ、アルジェリア、地中海、イランなどの上空を経てサウジアラビアの北方からドーハに到着。ここで乗り継いで9月27日午後7時に正味飛行時間26時間を要して成田空港に帰着した。今回の旅は永年憧れたパンタナールの大自然を満喫し、シャガー、オオアリクイやオニオオハシ等の美しい鳥たちに出会えた事に満足しながら帰路に就いた。

（2017・10・20 記）

ツアー名「ブラジル・パンタナールへ　ジャガーを求めて　15日間」
2017・9・13出発　西遊旅行

ピレネー山脈の白眉ガルバニー圏谷とバスク地方の美食を訪ねて

ピレネー山脈の白眉ガバルニー圏谷とバスク地方の美食を訪ねて

永年の友人から秘境の旅も良いが、今世界の食文化をリードしてその先端を行くバスク地方の美食を訪ねないかとお誘いを受けた。異論のあるはずはない。早速ピレネー山麓の雰囲気を味わった後、サンセバスチャンを中心にバスク地方を10日間で周る盛り沢山のツアーを計画した。

今回の旅は秘境の旅ではなくピレネー山脈フランス側のガバルニー圏谷の美観を見た後、今世界で注目されているバスク地方のピンチョス（小さく切ったパンに少量の食べ物がのせられた軽食）などの美食を楽しみたいと欲張った目的で始まった。今回のメンバー4人は２０１６年7月27日午後9時30分にトルコ航空（TKO47）で関西空港を出発した。

まずは早朝、イスタンブールのアタチュルク空港に到着して休憩を取る。この空港は先日テロやクーデター騒ぎがあったところだが、アジアとヨーロッパを繋ぐハブ空港として益々整備拡充されていて、中でもトルコ航空のラウンジの設備は規模、内容共に世界の空港のうちでも第一級のものになっていた。乗り継ぎ便は翌7月28日午前7時15分スペイン

（図1）

（写真1）

の地中海側のバルセロナ空港に到着、正味飛行時間は16時間45分に及ぶ長旅であった。
空港には8人乗りの専用車とベテランガイドのT氏が待っていてくれ、休む間も無くピレネー山脈の山麓を北西へ走りアンドラに向かう（図1）。アンドラはピレネー山脈東部の小さな国で正式名はアンドラ公国、人口は約8万人、面積は東京23区の4分の3しかない。元首はフランスの大統領とスペインのウルヘル司教の2人が共同大公となっている。

首都のアンドラ・ラ・ベリャは標高1000m程の山中の美しい街で、屋根は丸く削った天然のスレート（薄い粘板岩）で葺かれている（写真1）。中世より豊富に湧出する温泉を利用した施設も充実している上に、この国は街中が「免税店」だ。今は夏のバカンスの時期で20~70%引きのサマーセールを行っていて、ヨーロッパ各国の家族連れで賑わっていた。スキー場が多く、観光立国で発展しているようだ。

翌日は、市内の小さな歴史のある教会を改装して作った「谷の家」という世界最小の議事堂を見学する。古くから合議制の政治が行われていたことが窺えた。午後再びピレネーの山麓をひたすら西へ走る。農地には飼料用のトウモロコシや稀に背の低いヒマワリが栽培されていて、牧草ロールが散見される。山地に入り標高が上がるにつれて松やシラカバ、ダケカンバの林は針葉樹に変わり、いくつもの広大なスキー場のゲレンデを横切る。草地にはジャージー種と思われる牛が大きなカウベルを付けて放し飼いにされていた。やっとガバルニー圏谷が全貌を現すと、長いドライブの疲れが一気に吹っ飛んだ。雪を頂いた最高峰モン・ペルデュ（3352m）を左側にして、北向きに半円形に広がる3000m級の岩壁とその中腹から流れ落ちるガバルニーの滝（422m）は息を呑む美しさだ。氷河期が造った巨大な圏谷として世界遺産になっている（写真2）。夕刻、圏谷が正面に眺められる絶好の位置に建つ石造りのホテルに落ち着いた。翌朝も快晴で高地特有の爽やかな

（写真2）

空気の中をガバルニー滝の近くまでトレッキングする。よく整備された山道を様々な国の家族連れのトレッカーが行き交う道端にはナナカマドの木が見られ、シシウドやキンポウゲ、アヤメ、トリカブトの仲間が花を付けているが、いずれも花の色が濃く美しい。滝近くのレストランで地ビールを飲んだが、よく冷えていてこくがあり美味しかった。夕食は近くのレストランで川マス料理と軽くてすっきりした味の地元産の白ワインを堪能してホテルに帰った。

今日は午前から再びピレネー山脈を西へ北大西洋岸のフランスバスクの中心都市バイヨンヌへ向かって走る。交差点は殆どロータリー方式になっていて信号が無く、高速道路は時速１３０km制限である。バカンスの時期でキャンピングカーが目立ち交通量も普段に比べて多いという。途中、カソリックの聖水伝説で有名な病める人の巡礼の地ルルドを通り、バイヨンヌに入る。丁度伝統の「牛追い祭」に遭遇した。若者も老人も皆白いシャツ、ズボンと赤いスカーフに統一された姿で喜々として参加していた。昼過ぎ、かつてフランスの首都でありルイ14世がマリア・テレジアと結婚式を挙げたという教会が残っている街サン・ジャン・ド・リュズに立寄る。街は観光客が多く賑わっていて生ハムなどを扱う肉屋や特有の模様のバスクリネンを売る店、雑貨屋、靴屋などに人通りが絶えない。街外れの川岸のレストランで食べたチピロネス（小イカ）のソテーと小エビ、メルルーサ、タラの入ったパエリャと地元産の白ワインが美味しかった。

再び大西洋岸を南へ下り高速道でスペインに入る。国境ではフランス側の警備が厳しく、自動小銃を持った警察官が車を覗き込んできた。夕刻いよいよ目的のサンセバスチャンに入る。今日からコンチャ湾（写真3）に面した一等地に立地している4ツ星ホテルに4連泊する。嬉しいことに夏のサンセバスチャンは日暮れが遅く、午後9時過ぎまで明るいのでバル巡りには好都合だ。ホテルで休憩を取った後、初日のバル巡りに繰り出す。バル巡りは主にチャコリを飲む、チャコリは微発泡性の辛口の少し酸味のある若いワインで、主にバスク地方で造られアルコール度数も9.5～11.5％とやや低く、すっきりした口当りはピンチョスに良く合う。どこもバルは大勢の客で混雑していて、椅子席は少なく立飲みが基本である。人に押

（写真3）

（写真4）

（写真5）

されながらもバーカウンターか壁面などに付いたグラスを置くことの出来る棚などを確保したら、店員と「アイ・コンタクト」をとり間髪入れず「クアトロチャコリ　ポルファボール（チャコリ4杯頼む）」と叫ぶと、ワイングラスか背の低いコップに高い所からチャコリを注いでくれる。後は好きなピンチョスを皿に取ってもらう方式である（写真4・5）。お勘定は、店員が何杯飲んだか何を食べたか、抜群の記憶力で覚えている。スペインのバル巡りは一軒に留まらず、はしごするのがルールのようだ。シシトウを素揚げして塩をふったもの、フォアグラソテー、カンバスエビの串焼き、生ハム、ポルチーニ茸のソテー、チーズケーキなど店を変えながら食べ歩き、「バル・ラ・セパ」、「ゴイス・アルギ」、「フェゴ・ネグロ」などバルを4軒程はしごしてホテルに帰った。

翌日は午前中海岸を散策したりスペイン王妃の宮殿跡を見た後、西へ少し離れたゲタリアという漁村に昼食を摂りに行く。この途中の道はスペインの西北部の聖ヤコブの墓があるという聖地サンティアゴ・デ・コンポステーラへの巡礼道になっていて、シンボルの帆立貝の殻を付けた大きなリュックを背負った人々に時々出会う。ゲタリアの港の周囲には新鮮な魚介類を炭火焼きにして提供する店が数軒あるが、我々の予約したのは街の交差点にある「エルカノ（ELKANO）」である（写真6）。店の主人は日本にも料理の勉強に行ったことがあると話す愛想の良い人で、チピロネス（小イカ）やココチャ（タラやメルルーサの喉の肉）、ヒラメの炭火焼き（写真7）、チャングロ（クリガニ）の甲羅焼きなどを我々日本人に合わせてサービスしてくれた。午後はピカソの大作で有名な史上初の無差別爆撃を受けた都市ゲルニカの街のバスク議事堂を見た後、かつてスペイン北部屈指の港で鉄鋼・造船で栄えた都市ビルバオを見る。重工業衰退と共に死の街となっていたが、グッゲンハイム美術館を誘

（写真6）

（写真7）

（写真8）

致するなどアートによる都市再生プロジェクトが進行中である（写真8）。夕刻再びサンセバスチャンに戻り、夜は又バル巡りに出掛ける。マック・コーベと名付けられた神戸牛のミニ・ハンバーグやアンチョビのオリーブ油漬け、シシトウとオリーブの酢漬けの串刺し、チャングロ（クリガニ）の身のカナッペなどを食べてチャコリを飲んで帰る。

サンセバスチャン3日目は、午前中に市内の市場や大聖堂を見た後、昼間から開いていたバルの名店「ガンバラ」に行き、イカの墨煮、ポルチーニ茸やトランペット茸、タマゴ茸（写真9）などのソテーを食べるが、この店のものは味付けも良く皆旨い。夜は8時30分に予約した郊外の高台にあるミシュラン3ツ星レストラン「アケラレ（AKELARE）」

に行き、大西洋に沈む夕陽の素晴らしい展望の席で鮮度が良く身に甘みのあるオマール海老など美味しい料理を頂く。ヌエバ・コッシーナ（新しい料理）の追求という理念からか凝固剤、液体窒素、燻煙などを使って料理を作るようで聊か技巧に走り過ぎるところもあるようだ（写真10）。サンセバスチャンの海岸（写真11）は泳ぐ人や日光浴の人、海岸通りには犬を連れて散歩する人、ジョギングする人、ストリートパフォーマーなどで連日賑

（写真9）

（写真10）

（写真11）

（写真12）

（写真13）

わっている。

サンセバスチャン4日目の昼食は、市内の1ツ星レストラン「ココチャ」で摂る。地元の人などの予約で満席のこじんまりした店で店名にもなっているココチャのピルピルソース（戻した干ダラをにんにく、タカノツメ、オリーブ油で煮詰めて魚のゼラチンを出したソース）で煮込んだものを食べたが、かなり濃厚な食感であった。

いつの間にかサンセバスチャンも最終の夜を迎えた。疲れた胃袋に鞭打って最後のバル巡りに出る。行先は一番美味しかった店「ガンバラ」、今日は幸いにも珍味「ペルセベス」が入荷している。日本ではカメノテと言われ評価されないが、２５０ｇ25ユーロもする高級品だ（写真12）。塩味だけだが中の身を食べるとじんわりと旨味がある。呼子の朝市で食べたものより形も大きく美味しかった。タパスの中にアングーラス・ア・ラ・ビルバイーナという料理がある（写真13）。これは鰻の稚魚をにんにくとタカノツメを入れたオリーブ油で炒めた料理だが、今では漁獲量も少なく高価なため魚のすり身で作った「鰻の稚魚カマ」を使っている。本物そっくりで日本のカニカマの技術が入っているというものだが、食味は私にはあまり馴染めないものだった。最後は皆のお気に入りだったキノコを塩味でにんにくとオリーブ油でソテーして、生の卵黄ソースで食べる料理を注文してバル巡りを締め括った。

今回は番外編なので本書の趣旨とは異なる山と美食という欲張った旅行であったが、天候に恵まれて満足しながら翌朝サンセバスチャンから北へ高速道を走り、フランス西海岸の街ボルドーの空港からイスタンブールを経由して帰国の途に就いた。

（２０１６・８・20　記）

ツアー名「夏のフランス　ピレネーとバスク地方の旅　10日間」
（自由旅行として一部改変）
２０１６・７・27出発　　ワールド航空サービス

〈著者略歴〉　中嶋　寛
1938年7月15日　三重県四日市市出生
三重大学医学部大学院卒業。医学博士。内科医。
医療法人理事長、四日市医師会長、三重県医師会長、
日本医師会監事等歴任。
現在、三重県医師会顧問。
趣味：旅行、写真、古美術鑑賞
著書：「壺を愛でる」1995．10（丸善）
　　　「秘境を楽しむ」2001．3（丸善）

世界の秘境を訪ねて

発行日　2018年3月8日
　著　者　中嶋　寛
　発行所　三重大学出版会
　〒514-8507　津市栗真町屋町1577
　　　　三重大学総合研究棟Ⅱ－304号
　　　　Tel/.Fax　059-232-1356
　社　長　濱　森太郎
　印刷所　西濃印刷株式会社
　　　　〒500-8074　岐阜県岐阜市七軒町15番地

ISBN978-4-903866-42-0　C1026　¥1600